Christina von Dreien

Begleitbuch von
Levin Jeffrey Lamb

Made with love

Tools für die NEUE ZEIT

46 KARTEN für Visi

W0409378

LEVIN
I see YOU

Inhalt

Willkommen

Ihr Lieben,

wir alle wünschen uns eine heile Welt und diese heile Welt fängt bei jedem Einzelnen von uns an. Unsere Aufgabe ist es, dass wir immer wieder Positives in das kollektive Feld und unsere Umgebung geben. Es braucht unsere Visionen von Frieden, Liebe und Bewusstheit, um die Neue Zeit zu gestalten. Wir können so oft wie möglich Vertrauen, Zuversicht, Liebe und Freude fühlen. Dann werden wir wieder mehr zu der wahren Liebe, die wir eigentlich sind und lassen unser Licht in die Welt strahlen.

Meine Karten sind als Toolbox für euch gedacht, sie können hilfreiche tägliche Werkzeuge für euch werden, damit ihr wertvolle Impulse bekommt, euer Leben positiv zu gestalten und Liebe und Frieden auszustrahlen. Die Botschaften der Karten helfen euch, Aussagen, die ich immer wieder teile und für wichtig halte, in Erinnerung zu bringen.
Denn jeder Mensch, der aufwacht, der wieder in Verbindung mit seiner Seele kommt und in allem Sein ein bewusstes Wesen sieht, hilft mit, dass die Menschheit wieder zu dem wird, wofür sie eigentlich gedacht ist.

Genau das, möchte ich euch immer wieder vermitteln, das ist der tatsächliche Grund, warum ich hierhergekommen bin. Ich möchte euch zeigen, wie wir alle durch bedingungslose Liebe konstruktiv mit dem Unlicht umgehen können. Wie wir in unsere Verantwortung kommen und die Tools der Neuen Zeit gebrauchen können. Uns allen stehen unbegrenzte Möglichkeiten zur Verfügung.

Wir können darauf vertrauen, dass alles gut kommt, sonst wären wir jetzt nicht hier. Noch vor unserer Inkarnation wussten wir, dass wir hier sein werden und es verrückt sein wird.
Das Beste, was wir tun können, ist die Vision einer heilen Erde mit glücklichen Wesen immer und immer wieder zu nähren und auszusenden – das tut uns selbst so gut und stärkt dieses Feld.

Das Licht und die Liebe werden alles heilen!
Wir sind Licht und Liebe!

Christina von Dreien

Vertraue deiner Intuition

Ich freue mich sehr, dass du dieses Kartenset in deinen Händen hältst, es ist kein Zufall, dass es dich gefunden hat. Deine Seele ist bereit, neue Wege zu gehen, indem du ganz in deine Verantwortung und Kraft kommst. Diese Tools können dir Klarheit geben, dich erinnern, dir neue Impulse und Wege zeigen.

Das Kartenset **»Tools für die NEUE ZEIT«** ist dafür da, dich in deine Schöpferkraft zu bringen, dich an deine multidimensionale Herkunft zu erinnern und dir deine wahre Größe mit all deinen Fähigkeiten bewusst zu machen.

Die Karten sind unabhänig von allen Glaubensrichtungen. Sie sind überkonfessionell und universell anwendbar. Wenn dich ein Begriff stört, dann kannst du ihn einfach durch etwas ersetzen, was dir vertrauter ist. Ich bitte dich, hinter all dem die Energie, die Intention, wahrzunehmen. Lies die Texte mit deinem Herzen, und du wirst den Segen und die Liebe, die in diesen Tools enthalten sind, ganz annehmen können.

Es liegt an jedem Einzelnen von uns, wie wir diese hohen Energien nutzen. Lasst uns gemeinsam eine neue, wundervolle Realität erschaffen, jenseits von Angst und Konkurrenz, dafür voller Liebe, Achtsamkeit und Kohärenz.

Es ist mir eine große Freude, mit Christina von Dreien dieses wundervolle Projekt zu realisieren. Es geht darum, dass wir uns an unsere Schöpferkraft erinnern, dass wir Verantwortung übernehmen. Es geht um das Erschaffen neuer Welten und Realitäten zum Wohle aller Wesen.
Ich habe dieses Buch zu den Karten geschrieben, um die vielschichtige, tiefe Bedeutung von Christinas Aussagen noch etwas weiter auszuführen.

Du kannst diese Karten zu jedem Thema, zu jeder Situation befragen, indem du dir vertraust, dass die richtige Karte mit der entsprechenden Antwort zu dir kommt.

Bevor du eine oder mehrere Karten ziehst, entspanne dich. Atme tief durch, verbinde dich mit dir selbst und spüre, wie du dich mit der Erde verbindest. Nimm wahr, wie sich dein Scheitelchakra öffnet und du dich mit dem Universum verbunden fühlst. Halte nun die Karten an dein Herz, spüre die Verbindung zu ihnen und bitte sie, dir auf deinem Weg zu dienen. Diese Karten sind bewusst konstruktiv und aufbauend geschrieben, jede Karte wurde mit viel Liebe und Wahrheit kreiert und es ist ein Geschenk des Lebens an das Leben, welches sich durch dich erfahren möchte.

Mische die Karten und breite sie so vor dir aus, dass du die einzelnen Themen nicht sehen kannst. Du kannst sie fächerartig hinlegen. Oder du ziehst einfach intuitiv eine Karte. Folge dabei ganz deinem Gefühl. Formuliere vor dem Ziehen eine Frage für dich. Je klarer deine Frage ist, desto klarer ist die Antwort. Wenn du noch eine weitere Karte zu einem Thema ziehen möchtest oder du mit jemandem zusammen arbeitest, kannst du die gezogene Karte wieder zurücklegen, damit sie wieder im Gesamtstapel ist. Manchmal zieht man dann dieselbe Karte wieder, denn oft liegt das gleiche Thema den verschiedenen Geschichten, mit denen wir das Leben schreiben, zu Grunde.

Mir ist es in den begleitenden Texten in diesem Buch wichtig, dich an deine Führerschaft, an deine schamanische und geistige Macht zu erinnern, an deine Multidimensionalität und an dein Erbe. Wir leben in einer unglaublich spannenden Zeit, in der die Prozesse wesentlich schneller, direkter und auch leichter gehen dürfen. Wir sind gerade als Kollektiv im Begriff, neue Ebenen zu erreichen, neue Bewusstseinsstufen und Dimensionen zu integrieren.

Die Beschreibungen der Karten sind alle so gehalten, dass wir es sind, die die Verantwortung für das Leben in der Hand halten. Es ist wichtig, dass du deine wahre Macht erkennst und du dich an deine Entscheidungen erinnerst, die zu deinem jetzigen Leben geführt haben. Es waren immer Entscheidungen, auf bewusster oder unbewusster Ebene, die jetzt den aktuellen Zustand herbeigeführt haben. Sobald du sie erkennst, kannst du sie auch ändern.

Ich lade dich ein, dich neu zu entdecken, dich zu trauen, zu dir zu stehen und dabei durch alle Gefühle zu gehen, die auftauchen. Du kannst dich in einem neuen Bewusstsein erleben und deine Realität ganz neu gestalten. Lies, was auf der gezogenen Karte steht, und nimm sie mit dem Herzen wahr. Lass sie auf dich wirken.
Wo berührt, erfreut oder triggert dich etwas?
Diese Tools werden dir eine Brücke sein, auf der du mit Leichtigkeit in dein neues Sein kommen wirst.

Tageskarten / Impulskarten

Du kannst einfach eine Karte ziehen, die du als Impulskarte für den Tag nimmst. Stelle diese Karte auf deinen Altar oder an einen Platz, wo sie dich den ganzen Tag über begleiten darf. Nimm sie und ihre Botschaft immer wieder ganz bewusst wahr und bitte die Karte, dir auf deinem Weg zu helfen, dich zu erinnern und zu begleiten. Öffne dich für den Segen, der in ihr enthalten ist.

Karten für ein bestimmtes Thema

Egal ob bei Streitigkeiten, Mangelgefühlen von Liebe, schwierigen Situationen, Problemen oder wenn du eine Entscheidung treffen musst, immer kannst du mit den Karten arbeiten. Dabei ist es wichtig, die Frage richtig zu formulieren. Wenn du in einem Bereich deines Lebens nicht weiterkommst, dann bitte die Karten, dir zu zeigen, in welchen unbewussten Teilen deines Lebens es gerade nicht fließt oder welche inneren Konstrukte und Glaubenssätze dich blockieren.

Karten für »New Love & Connection«

Dies ist ein besonderer, weiterführender Tipp von mir, die Karten zu benutzen. In meiner langjährigen Arbeit mit vielen Menschen ist das Thema Beziehung präsent. Und tatsächlich geht es immer um Beziehung, vor allem um die Beziehung zu sich selbst. Gerade im familiären Umfeld, egal ob Partner, Kinder oder Eltern, entstehen die tiefsten Verletzungen. Wenn du dich und deine Gefühle einfach wahrnimmst, dich dafür nicht verurteilst, sondern ganz tief in dir ankommst, bei dir bleibst, dann entstehst du in dir selbst neu und steigst empor. Du nimmst dich selbst mit diesen Gefühlen des In-sich-ruhens mit. Wie der Phönix aus der Asche wirst du als ein neues Wesen auferstehen. Du wirst spüren, dass du dir selbst das gibst, was du dir von einem anderen gewünscht hast. Du kommst in eine erfüllende Partnerschaft mit dir selbst und wirst dementsprechend auch eine Partnerschaft voller Liebe, Erfüllung, Verbindlichkeit und Verantwortung führen. Nur wenn du dir selber Fülle schenkst, wirst du dich dauerhaft genährt fühlen. Stirb, lasse dich in dich hineinfallen, komme tief in dir selbst an und gib dir Zeit. Und du wirst mit dir zusammen als ein neues, heiliges, wundervoll anmutig liebendes Wesen wieder auferstehen.

Diese Karten sind bewusste, liebende Materie, welche von dir beseelt und geliebt wird. Sie können dich auf deinem einzigartigen Weg unterstützen. Du wirst in den Karten einen besten, treuesten Freund finden, der immer für dich da ist. Spiele mit ihnen, baue eine Verbindung auf, sprich mit ihnen und bedanke dich bei ihnen. Du wirst sehen, welch reiche Ernte dich dabei erwartet.

Ich wünsche dir viel Segen und Liebe, Freude und Erkenntnis, Ermächtigung und Fülle auf deinem wundervollen Weg.

Danke für deinen Weg, für all deine Erfahrungen, für dein Sein!

I see YOU!
Dein Levin

1 FÜHLE DEINE LEBENSESSENZ

Die **ESSENZ** des Lebens
fühlt sich an wie **Liebe,**
erscheint wie **Schönheit**
und erklingt wie **Wahrheit.**

Fühlst du deine Lebensessenz?
Oder fühlst du dich getrennt?

Du bist Liebe, nichts anderes als Liebe, und wirst auch immer Liebe sein.
Es kann den Anschein haben, als ob es anders aussieht. Das liegt daran, dass du dich scheinbar von deiner göttlichen Essenz und dir selbst getrennt hast. All dies dient allein deiner Entwicklung. Du kannst deine göttliche Existenz nur erkennen, wenn du von ihr getrennt wirst oder wenn du dich von ihr getrennt fühlst. Die Wahrheit ist, dass du dich nicht trennen kannst, weil du ein Teil der göttlichen Liebe bist. Alles ist miteinander verbunden. Nimm all die Liebe und Schönheit um dich herum immer wieder wahr. Tief in dir wirst du die Wahrheit spüren, dass Liebe die Essenz des Lebens ist.

Das ist deine Essenz! Das bist du.
Es ist ein Segen, dass du hier bist!

Jetzt ist der Zeitpunkt, deine immerwährende Verbindung mit der göttlichen Liebe wahrzunehmen. Erkenne, dass du wirklich in allen Handlungen deines Seins, in allen Gefühlen und in allen Gedanken den göttlichen Segen hast. Es ist Zeit, dass du deine Wahrhaftigkeit und deine Sehnsucht nach Liebe in ein unendliches SEIN in der Liebe transformierst.

Wir sind in einer neuen ZeitQUALITÄT. Bitte dein höheres Selbst, dass es dich führt und du so den Weg der Liebe und der Wahrhaftigkeit gehen kannst. Erschaffe durch deine Gedanken und Gefühle eine neue Wahrheit, die schönste Welt und Realität, die du dir vorstellen kannst.

Tool Box

Finde einen schönen Platz, setz dich bequem hin, schließ deine Augen und spüre, wie du immer ruhiger wirst. Sage jetzt zu dir: »ICH BIN LIEBE!« Dann richte deine Aufmerksamkeit auf deine Füße, spüre sie und sage so lange »ICH BIN LIEBE!«, bis du Liebe in deinen Füßen spürst. Gehe dann hoch zu den Unterschenkeln und mache dort das Gleiche. So gehst du durch deinen ganzen Körper und hüllst ihn in deine Liebe ein. Gehe immer erst weiter zum nächsten Teil, wenn du beim vorherigen die Resonanz der Liebe in dir spürst.
Wenn du an deinem Kopf angelangt bist, wirst du erleben, dass dein Körper jetzt strahlt wie eine goldene Sonne. Breite nun deine Hände aus, öffne sie und gehe zu deinem Kronenchakra und sprich wieder »ICH BIN LIEBE!«. Wiederhole das so lange, bis du aus funkelndem, strahlendem Licht bestehst. Du siehst durch deine Augen (es ist gleich, ob sie geöffnet oder geschlossen sind) ein gleißendes, goldenes Licht, das aus dir herausströmt und dich umhüllt.
Du erfährst dich als ein vollkommenes, heiliges Wesen.

Die Botschaft des Lichts an dich:

»Zeige dein Licht, wir brauchen dich! Gestatte dir, geliebte Seele, deinen Thron der Liebe wieder einzunehmen. Du darfst jetzt als ein königliches Wesen voller Liebe wieder zurückkommen.«

2 ENTSCHEIDE DICH FÜR FRIEDEN

Friede ist kein unerwarteter Zustand, der einfach plötzlich entsteht. **Eine bewusste Entscheidung für Frieden** wird von jedem Einzelnen von uns getroffen und kann sich so auf alle Länder ausweiten.

Kannst du dich in allen Situationen für Frieden entscheiden? Hast du friedliche Gedanken und Gefühle?

Es braucht deine ganz klare Entscheidung für das, was du willst. Viele Menschen sind noch nicht im Frieden, da tief in ihnen noch Krieg herrscht. Du bist aufgefordert, dich absolut bewusst für den Frieden zu entscheiden. Du kannst nicht im Außen Frieden erwarten, wenn du selbst nicht in Frieden lebst. Und dazu bedarf es zuallererst des Willens, der klaren Entscheidung, dass Frieden in deiner eigenen Welt einzieht. Es ist wichtig, wirklich hinzusehen.

Wie sind deine eigenen Gedanken, deine Gefühle? Bist du im Frieden? Fließt Liebe durch dein Herz?

Halte einen Moment inne und spüre nach, wo du noch Groll gegen dich selbst oder andere hegst. Schau wirklich hin!
Gehst du tatsächlich den Weg des Friedens mit einem offenen Herzen? Oder hast du dein Herz dir selbst und anderen gegenüber verschlossen?

Überprüfe, ob diese Art zu leben wirklich noch für dich angebracht ist oder ob du dich für eine größere, schönere Wahrheit entscheiden möchtest.

Deine Macht der Liebe und deine heilsame Realitätsgestaltung wird für eine neue Zeit gebraucht.

Verzeihe dir und deinem Gegenüber und öffne dein verschlossenes Herz.

Tool Box

Nimm dir vor, einen ganzen Tag oder einen Teil davon ganz achtsam zu begehen. Schau immer wieder, in welcher Situation du dich für Frieden entscheiden kannst. Werde in dir selbst friedlich und werde zum Frieden für alle Geschöpfe um dich herum. Schicke Segen mit friedvoller Absicht zu Menschen, in Situationen oder wohin auch immer es dir richtig erscheint. Dadurch wirst du ein Teil deiner ganz eigenen Friedensbewegung und der Friede weitet sich immer mehr aus.

Die Botschaft des Lichts an dich:

*»Stelle dich und deinen Herzensfrieden an erste Stelle!
Erinnere dich an deinen Auftrag, als Vertreter hier auf Erden dein Werk zu vollenden, als Friedensbringer, als ein friedvolles Wesen.
Wir begleiten dich auf diesem Weg.«*

Die ***Wahrheit***
der heutigen Welt
findest du nicht im Außen,
sondern in deinem Inneren.

Lebst du ganz nach deiner inneren Wahrheit?
Bist du wahrhaftig?

Wahrheit ist immer ganz einfach und leicht verständlich. Sie folgt dem Weg der Liebe und der Wahrhaftigkeit. Jeder Mensch besitzt in sich die absolute Wahrheit, egal, in welchem Land er wohnt, welche Sprache er spricht oder wie die entsprechende Kultur ihre Gesetze ausübt. Es ist die Wahrheit der Barmherzigkeit, des Mitgefühls, der Wahrhaftigkeit und der reinen Liebe, deren Gesetzmäßigkeit überall gleich ist.

Jeder Mensch spürt, was Recht und Unrecht ist!

Wenn du dein Herz spürst,
wenn du im Kontakt mit deinem ganzen Körper bist,
wenn du ganz gegenwärtig bist,
dann nimmst du wahr, was die Wahrheit ist.

Tool Box

Nimm dir einen Moment Zeit und spüre nach, ob dein Ego die Wahrheit der äußeren Welt braucht, um im Recht zu sein.

Das ist eine Falle, in die du immer wieder leicht tappen kannst. Du bekommst von der äußeren Welt immer die entsprechende Bestätigung, damit du dein Verhalten nicht überdenken und ändern musst.

Es gibt eine höhere Wahrheit, eine nachhaltigere, eine echte Wahrheit, die nicht vom Ego bestimmt wird.

Fühle sie, träume mit ihr und erschaffe dir damit deine neue, alles liebende Realität.

Diese kommt aus deinem Herzen.

Diese Wahrheit zeigt, dass es immer nur Gewinner gibt.

Auf diese reine Form von Wahrheit zu hören, erzeugt im Leben eine Süße und Freude, die an das Paradies erinnern.

Die Botschaft des Lichts an dich:

»Liebste Seele, du bist die Wahrheit, sei wahrhaftig!
Es ist deine wahre Natur, trau dich, ganz du selbst zu sein.
Wunder werden sich vor dir auftun,
neue Welten offenbaren sich dir.«

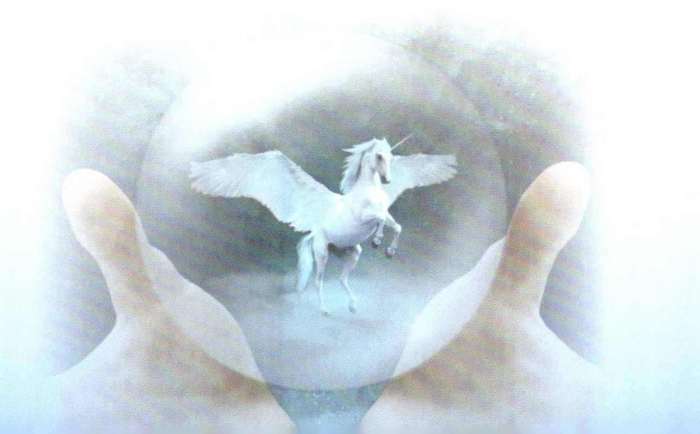

4 ERFAHRE ALL-VERBUNDENHEIT

Auch wenn wir *UNS* nicht kennen, sind wir doch *ALLE* miteinander verbunden.

Fühlst du dich mit ALLEM verbunden?
Oder fühlst du dich isoliert und getrennt in deinem Leben?

So wie jeder Vogel in seinem Vogelschwarm durch das kollektive Bewusstsein weiß, wann er seine Flugrichtung zu ändern hat, so sind auch wir alle miteinander verbunden. Wenn du es aus einer höheren Perspektive wahrnimmst, sind wir tatsächlich eins.

Du hast nur vergessen, dass wir alle aus derselben Quelle kommen und miteinander verbunden sind. Du bist ein Teil der Erde und ein Teil des Universums, das sich durch uns erlebt. Bist du in dem Zustand, in dem du erkannt hast, dass wir alle eins sind, kannst du nur noch in Liebe leben.
Ob du weißt, dass du mit allem verbunden bist oder ob du es nicht weißt, ändert nichts an der Tatsache, dass es so ist. Selbst wenn du es noch nicht spürst, kannst du dich freuen, denn auch das »sich getrennt fühlen« ist eine heilige, wertvolle Erfahrung, die dir geschenkt wird. Du wirst auf diesem Planeten alle Erfahrungen durch viele verschiedene Perspektiven erleben. Es gehört zum göttlichen Plan, alle Gefühle und Erlebnisse in deiner DNA zu speichern.

Tool Box

Setz dich hin, schließ die Augen und atme ruhig tief ein und aus. Dann stell dir vor, wie in deinem Herzraum ein kleiner Punkt entsteht, der immer größer wird, wenn du genau hinschaust. Er wächst und wächst und du erkennst ihn als die Erde. Du kannst auf einmal spüren und wahrnehmen, dass du die Erde und alle Menschen in dir trägst. Du fühlst immer mehr, dass du mit allem verbunden bist und dass du dich in allem wiedererkennen kannst.

Lege nun deine Hände auf diese Erde und umarme sie mit deiner Liebe, die in einer wundervollen Fülle aus dir herausströmt, sie fließt in die Erde und zu all ihren Bewohnern.

Die Botschaft des Lichts an dich:

»Fühle jetzt die Verbindung zu allem!
Verbinde und erkenne dich in allem.
Du bestehst aus kosmischem Sternenstaub,
du bist eins mit allem was ist.
Spüre die Verbindung.«

5 DU BIST EINFACH GENIAL

GENIALITÄT ist unser Erbe,
der **FREIE WILLE** unsere Macht
und Unüberwindbares
DAS SPIELZEUG für unsere Seele.

Nimmst du wahr, dass du einfach nur genial bist?
Fühlst du deine Einzigartigkeit?
Du bist wundervoll!

Alles, was du brauchst, alles, was du benötigst, steht dir in unendlicher Fülle zur Verfügung. Du hast das nur vergessen. Jetzt ist es Zeit, dass du dich wieder an deine göttliche Herkunft erinnerst.

Ja, du bist ein göttliches, wundervolles Geschöpf.
Vollkommen, einzigartig, allwissend und unendlich mächtig.
Du bist aus der Liebe gekommen.
Du bist ein Teil Gottes.

Und wir werden uns alle auch wieder erinnern, welch wundervoller Herkunft wir sind. Was für wundervolle, liebende und geistreiche Geschöpfe wir sind. Es ist alles, jederzeit, in jeglicher Form vorhanden.

Tool Box

Dein Erbe wartet auf dich, um von dir erkannt zu werden. Deine wundervolle, göttliche Schönheit möchte sich dir zeigen. Denn durch die Aufgaben, die vor dir liegen, kommt dein wahres Potenzial ans Licht, kann sich deine wahre Größe entfalten.

Nur durch die scheinbaren Widrigkeiten des Lebens, die Herausforderungen, die du dir selbst kreiert hast, kannst du dich erfahren und dich in deiner unendlichen Schönheit entfalten.

Freue dich, denn du darfst die Welt durch deine Liebe, durch die Wunder, die durch dich wirken, verändern.

Lebe deine Genialität, sei einzigartig!
Trau dich, immer wieder Neues zu erschaffen.

Du wirst gebraucht, dein ganzes Potenzial wird benötigt, damit du dich weiter entfalten und neue Dimensionen betreten kannst.

Die Botschaft des Lichts an dich:

»Liebste Seele, zeige dich! Es braucht deine Liebe!
Das Universum hat dich erschaffen,
damit es sich durch dich erlebt.
Sei grenzenlos und frei, du bist allmächtig.«

6 DU BIST KLANG

Jedes Mal, wenn du schöne ***Musik*** hörst, empfängst du die energetische Botschaft der Klänge – deine Schwingung verändert sich.

Kannst du ganz in Klangwelten eintauchen?
Verändern Melodien deine Gefühle?
Entführen dich Klänge in andere Welten?

Du bist Klang. Die Welt ist Klang. Alles zusammen ist eine einzigartige Sinfonie.

Wir alle sind miteinander verbunden über Schwingungen, Geometrien und Energiemuster. Unsere Klangmuster strömen in die Welt und gestalten Realitäten. Es gibt viele Werkzeuge, die dir auf deinem Weg helfen können. Musik ist eines der mächtigsten, irdischen Hilfsmittel, die dir zur Verfügung stehen. Wenn du harmonische Musik hörst, werden deine Zellen, dein ganzer Körper sowie dein feinstofflicher Körper berührt und in bestimmte Schwingungen gebracht.

Deswegen ist es sehr wichtig, bei der Musikauswahl sehr achtsam zu sein. Du solltest Musik bewusst auswählen, besonders wenn du ihr viel Raum gibst, da sie dich auf vielen Ebenen beeinflussen kann. Auch die Texte in der Musik, die Worte und deren Schwingungen haben eine unendlich große Macht. Sie können dich führen und leiten, beeinflussen, öffnen und heilen. Aber sie können auch destruktiv auf dich wirken. Deswegen ist es so wichtig, genau darauf zu achten, welche Musik du anhörst. Wenn du Musik richtig und bewusst einsetzt, kann sie als enormer Verstärker und Beschleuniger Wirkung in unterschiedlichen Bereichen entfalten. Du kannst mit Musik Zugang zu neuen Räumen und Dimensionen bekommen. Es ist sogar möglich, mit Klängen ganze Realitäten zu verwandeln. Durch Musik multiplizierst du die Geschwindigkeit deiner Entwicklung. Melodien können dich in tiefe Ebenen deines Seins eintauchen lassen.

Tool Box

Wenn du das nächste Mal Musik hörst, fühle bewusst, wie diese Klänge auf dich wirken. Öffnen sie dir neue Räume, lassen sie dich träumen, bringen sie dich in eine gute Schwingung? Wenn du die richtige Musik gefunden hast, so segne sie und bitte die Klänge und die Liebe, dich zu führen auf deinem Weg. Du kannst wahre Wunder erwarten, wenn du Musik zur Unterstützung einlädst.

Unser Bewusstsein erweitert sich ständig. Indem du in höhere Frequenzen wechselst, kannst du dich von der Dichte des momentanen Kollektivbewusstseins befreien. Du gehst in eine multidimensionale Zukunft.

Die Botschaft des Lichts an dich:

»Sobald du dich auf die heilenden Frequenzen und Klänge einlässt, werden sie deine wahre Natur hervorbringen. Du wirst aus deiner inneren Kraft schöpfen, jenseits von Angst und überholten Denkmustern.

Du wirst dich an dein unendliches Potenzial und an das Licht in dir erinnern. Deine vollständige DNA kann sich aktivieren, so dass du mutig den Herausforderungen dieser Zeit begegnen kannst.«

7 GESTALTE DEINE REALITÄT

Wir alle sind
Schöpferwesen, die einzige
Grenze bist du selbst.

Erfährst du dich als Schöpferwesen?
Gestaltest du bewusst deine Realität?
Tauchst du ein in unbegrenzte Möglichkeiten?

Du erschaffst ununterbrochen, ob es dir bewusst ist oder nicht.

Mit deinen bewussten und unbewussten Mustern, Verhaltensweisen, Ängsten und Freuden kreierst du dein gesamtes Umfeld, mit all seinen schönen und auch nicht so schönen Ereignissen in deinem Leben.

All deine Gedanken, Gefühle, Handlungen und deine Willenskraft erschaffen deine Lebensumstände. Du bist mit einer unendlichen Macht ausgestattet, du hast alles in der Hand. Du kannst die Welt und dich selbst immer wieder verändern. Du kannst Freude, Leichtigkeit und Schönheit erschaffen, wenn du diese Qualitäten in dir trägst und damit bewusst dein Leben und die Welt gestaltest. Alle Beschränkungen, die du erlebst, entstehen meist aus Unwissenheit.

Öffne deine Grenzen.
Erkenne deine Macht.
Sei ein Schöpfer!

Werde dir gewahr, dass du ununterbrochen als Schöpfer tätig bist. Du erschaffst deine Realität.

Tool Box

Stehe auf, schaue hin und entscheide dich, wie du nun deine unendliche Macht einsetzen möchtest.

Was willst du jetzt tun?
Wovon träumst du?
Träume grenzenlos, aus allen Welten das Schönste, so wird es zu deiner Realität.
Mache eine Inventur deines Lebens. Überprüfe deine Gedanken, Gefühle, Gewohnheiten und all das, was du erlebst. Ist dies wirklich das Leben, das du leben möchtest? Oder kannst du deine Macht noch bewusster und kreativer zum Wohle aller und auch für dich einsetzen?
Stehe auf, zeige dein Licht und nimm deine Macht an. Werde zum Leuchtturm, der anderen hilft, ihr Licht strahlen zu lassen, so wie es ihrer wahren Natur entspricht.

Die Botschaft des Lichts an dich:

»Entscheide dich für deine Schöpferkraft.
Zeige dein wundervolles Wesen du geliebte Seele.
Trau dich, das Unmögliche zu denken,
öffne den Raum in dir für dich,
du bist grenzenlos machtvoll.«

8 VERMEHRE DAS GUTE

Nimm dir jeden Tag Zeit
GUTES in die Welt zu schicken
und an Dinge zu denken, die jetzt
schon gut sind, das ***ist das***
Positivste, das du machen kannst.

Vermehrst du das Gute in der Welt?
Fällt es dir leicht, gute Dinge wahrzunehmen?
Oder konzentrierst du dich auf Ereignisse, die dir negativ erscheinen?

Unser Leben besteht aus vielen, sich aneinanderreihenden Momenten. Wenn du für einen Augenblick ganz im Jetzt bist und dich einfach nur auf dich und deine göttliche Liebe konzentrierst, wirst du den Moment, der zurückliegt, und die Momente, die vor dir liegen, damit beeinflussen. Und gleichzeitig wirst du die Realität deines Umfeldes mit diesem kleinen Impuls bestärken.

Genauso ist es, wenn du deine Wahrnehmung vermehrt auf positive, schöne Momente, Ereignisse oder Dinge ausrichtest. Das, worauf du dich konzentrierst, erhält Energie und wird immer mehr Raum in deiner Realität einnehmen. Manchen Menschen fällt es leichter Dinge wahrzunehmen, die sie stören oder die negativ sind. Die meisten Nachrichten und Schlagzeilen drehen sich um Missstände. Je mehr du dich davon beeinflussen lässt, umso mehr lädst du das in dein Leben ein, das du eigentlich nicht willst.

Dabei ist es ganz einfach. Nimm das wahr, was gut und schön ist und es wird sich vermehren.

»Lege dir eine positive Datenbank an und speichere in ihr möglichst viele positive Erinnerungen. Das ist wie das Aufladen einer Batterie. Es geht darum, dass du zufrieden bist, und dass du dir so etwas wie ein Polster an positiven Dingen anlegst, an denen du dich aufladen kannst.«

Christina von Dreien

Tool Box

Nimm dir jeden Tag Zeit, ganz bewusst alles Gute und Schöne wahrzunehmen. All die kleinen Momente, die du liebst. Sei dabei von Dankbarkeit für all die Geschenke des Lebens erfüllt.
Die Blüte am Baum ist schön, dein Nachbar lächelt dir zu, dein Partner nimmt dich in den Arm, du spürst die Luft auf deiner Haut… es gibt so viele wundervolle Augenblicke. Lass jeden Abend den Tag Revue passieren. Hole dir alle schönen Momente nochmal in Erinnerung. Wenn es etwas gab, was nicht so angenehm war, dann schau es dir ganz wertfrei als Lernaufgabe an und stell dir vor, wie es sich in eine gute Situation verwandelt, falls es sich für dich stimmig anfühlt. In deinem inneren Raum, deiner Vorstellungskraft, kannst du alles verwandeln. Lass uns gemeinsam die Welt immer schöner machen.

Die Botschaft des Lichts an dich:

»Sprenge deine Begrenztheit!
Spüre den Ruf, folge deinen Impulsen.
Trau dir alles zu, du wirst von uns unterstützt. Jetzt ist genau der richtige Zeitpunkt, dich neu zu erfinden und die alten Muster der Dunkelheit loszulassen. Sei mutig und nimm dein wundervolles Erweckungsgeschenk an.«

9 BENUTZE DEINE WILLENSKRAFT

Wenn du etwas ***wirklich*** willst, wirst du dies auch werden. Es geht gar nicht anders. ***Du bist es ja schon,*** du hast einfach nur zu gewissen Teilen deiner selbst keinen Kontakt mehr.

Lebst du das Leben, das du leben möchtest?
Erreichst du mühelos Ziele, die du dir vorgenommen hast?

Erinnere dich, es liegt alles in dir.

Oft begibst du dich in Rollen, die nicht deine sind. Wenn du dich motivieren und zwingen musst, deinen Job zu machen, dann überprüfe, ob diese Arbeit wirklich dein Weg, deine Berufung ist oder ob du eventuell die Arbeit eines anderen machst.

Du darfst dich erinnern, was deine wahre Aufgabe ist. Deine einzigartigen, wahren Talente und Gaben weisen dir den Weg. Folgst du ihnen, wirst du deine Berufung finden, die hier auf diesem Planeten erwartet und gebraucht wird.

Trau dich, den Ruf zu hören, deine Seele weiß es sowieso schon. Es wartet Großes auf dich. Verliere dich nicht in Verstrickungen, im kleinen Denken anderer Seelen, sondern trau dich, groß zu träumen. Lass dich führen.

Tool Box

Erstelle eine Liste, in der du all deine Gaben, deine Geschenke und deine Sehnsüchte aufschreibst. Liste alles auf ohne es einteilen oder bewerten zu wollen. Alles, was dort steht, sind Geschenke des Lebens an sich selbst, es möchte sich durch dich erfahren. Du bist ein wundervolles, einmaliges Geschenk, nimm den intensiven Ruf deiner Seele wahr, stehe zu dir.

Hänge diese Liste an einen Platz, wo du sie oft im Blick hast. Bedanke dich immer wieder für deine Gaben und die Geschenke. Erkenne deine Sehnsüchte und Wünsche als den göttlichen Ausdruck in dir, du willst deine Schöpfung vollenden.

Die Botschaft des Lichts an dich:

»Du wundervolles Wesen, gib dich ganz der Liebe hin,
vertraue auf den Fluss des Lebens
und auf das Lied deiner Seele. Du bist geführt.
Trau dich, groß zu träumen, zu erschaffen,
dich voll zu entwickeln und zu zeigen.«

10 GRENZENLOSE LIEBE

Es gibt nur eine einzige Liebe.
Liebe ist Liebe**, und sie ist **grenzenlos, bedingungslos**, ohne Ende und **ohne Unterscheidung. Liebe ist das, was im Universum unbegrenzt vorhanden ist, eine ***Ursubstanz***, die die Basis von allem ist, was ist.

Kannst du dir immer wieder bewusst machen, dass Liebe grenzenlos zur Verfügung steht?
Wie oft und wofür empfindest du wahre Liebe?
Liebst du dich?
Ist dein Herz offen?

Es gibt entweder nur ein offenes oder ein verschlossenes Herz.

Ein bisschen offenes Herz, ein bisschen schwanger, gibt es nicht. Es gibt auch nicht eine falsche Liebe oder die richtige Liebe. Liebe lässt sich nicht analysieren oder mit wissenschaftlichen Methoden erklären. Liebe ist einfach, aus ihr entspringt alles und zu ihr wird alles.

Liebe ist das, was verbindet, was alle vereint und was der gemeinsame Nenner ist.

Liebe entspringt aus der Quelle des Lebens. Sie ist Fluss und Quelle zugleich. Liebe ist unbegrenzt vorhanden. Es gibt nichts, was nicht aus der unendlichen Sehnsucht nach Liebe geschieht.
Wir alle handeln letztendlich nur aus dem tiefen Bedürfnis zu lieben und Liebe zu bekommen.

Tool Box

Erinnere dich, dass du aus unendlicher Liebe bestehst.
Zwischen dir, deinen Nächsten und der Welt gibt es entweder Liebe oder die Abwesenheit von Liebe. Fühle dich dazu berufen, eine Abwesenheit von Liebe durch deinen Einsatz, in die Liebe zu gehen, zu ändern.
Du bist berufen, die unendliche Liebe, diese absolute Wahrheit, zu leben, zu zeigen, zu leuchten und damit dein Umfeld und die Welt zu erhellen und zu einem liebevollen, freudigen Planeten zu gestalten.

Die Botschaft des Lichts an dich:

»Das Universum braucht dich, dein Licht, deine Liebe. Geliebte Seele, erinnere dich deiner Sternensaat, deiner göttlichen Herkunft. Du bist immer Liebe gewesen. Jetzt darfst du diese Liebe dir selbst zukommen lassen, und da du eins bist mit allem, wirst du dadurch alles lieben.«

11 BEWUSSTSEIN SCHAFFT STABILITÄT

Wenn in der physischen Welt alle Dinge auseinanderfallen, dann ist das Einzige, was dir Stabilität gibt, dein ***Bewusstsein***. Darum ist es so wichtig, dass du Positives, Aufbauendes, ansammelst.

Hast du ein stabiles Fundament in deinem Leben? Kommt es dir so vor, als ob gerade vieles in deinem Umfeld auseinanderbricht?

Du hast sicher schon erlebt, wie es ist, etwas zu verlieren. Selbst wenn du dich noch so sehr bemühst, es wird nie eine absolute Sicherheit dafür geben, dass du keine Verluste erlebst. Und das ist auch gar nicht nötig, wenn du mit deinem Inneren in Liebe verbunden bist.

Um diese Liebe aufzubauen und zu erhalten, erfordert es tatsächlich viel Bewusstsein und Ausrichtung auf die Liebe.

Gerade wenn du etwas verloren hast, wirst du sehen, welch unermesslicher Schatz tief in dir liegt. Diesen kannst du nie verlieren.
Hebe deine Schätze, stelle deine Ahnen hinter dich und heile die Verbindung zu ihnen. Sie helfen dir auf deinem Weg. Es sind deine Wurzeln, die zu dir gehören. Nimm deine Vergangenheit an, sie liefert dir das Fundament, um jetzt Neues zu erschaffen und dich zu entfalten.

Tool Box

Setz dich, schließ die Augen und komm ganz bei dir an. Nun denke an eine Situation, in der du gerade feststeckst. Du erkennst nur deshalb die Lösung noch nicht, da du der Meinung bist, dass du alle möglichen Wege kennst und sie nicht gangbar für dich sind, aus welchen Gründen auch immer.
Nun stelle dir diese Situation vor, beobachte dich, wie du scheinbar keinen Ausweg siehst. Jetzt mache innerlich einen Schritt oder besser zwei Schritte zurück von diesem Problem. Du wirst erkennen, dass ein Raum entsteht zwischen dem Problem und dir. Dieser Abstand, den du erschaffen hast, ist dafür da, dass du jetzt in diesen Raum ein Wunder hineinbitten kannst. Du darfst einfach Kraft deines Seins und deiner Göttlichkeit einen Raum für Wunder öffnen.
Je öfters du dies tust, umso klarer wirst du erkennen, dass diese machtvolle Handlung Wirkung zeigt. Je mehr du mit diesem Tool spielst und es anwendest, desto schneller wirst du den Segen, das Wunder, erkennen und das Problem wird sich auflösen.

Die Botschaft des Lichts an dich:

»Dein mehrdimensionales Sein wird wacher und du wirst immer mehr Dinge und Situationen von vielen Ebenen aus betrachten können. Du wirst dir selbst aus anderen Dimensionen in der 3. Dimension zur Seite stehen, so wie wir es tun.«

12 LEBE DEIN LEBEN

Das Wichtigste in dieser Zeit ist:
Finde heraus, was dein Herz möchte
und wer du selbst bist.
Lebe dein Leben, wie DU es willst.
Dein Herz ist dann glücklich,
wenn du du selbst bist.

Führst du ein Leben, das dich glücklich macht?
Was sind deine Herzenswünsche?
Bist du ganz du selbst oder spielst du Rollen?

In der neuen Zeit, die wir gerade immer mehr betreten, wirst du das leben, was deiner Berufung und Natur entspricht. Nur wenn du eins mit deinen Wünschen und der Realität bist, wirst du spüren, dass du im Fluss bist.

Beginne dein Herz und dein Leben immer mehr in Einklang zu bringen. Du darfst jetzt die unendlich wundervollen und hohen Energien, in denen wir sind, zusammen mit deinen Fähigkeiten dazu gebrauchen, dein Herz immer mehr an die erste Stelle zu stellen. Dein Herz darf der Seismograph sein, der dir den Weg zeigt. Du kannst bei jeder Handlung dein Herz befragen, ob es im Einklang mit dieser Tat ist. Je mehr du auf dieses wundervolle Werkzeug achtest, umso schneller und feiner wirst du erkennen, dass es nur darum geht, die Dinge mit dem Herzen und in Verbindung anzugehen. Begegne jeder Situation aus dem Herzen.

Tool Box

Mache eine Bestandsaufnahme, wie sehr du dein Leben schon aus dem Herzen lebst.

Es steht und fällt tatsächlich mit dir selbst, wie du mit dir und deinem Herzen umgehst. Es ist an der Zeit, dass du dich mit deinen Herzenswünschen an erste Stelle stellst. Es ist unendlich wichtig für die Evolution der ganzen Welt, dass du dein Herz und dich selbst achtest. Du kannst andere Menschen nur so behandeln, wie du dich selbst behandelst. Werde zum wichtigsten Menschen in deinem Leben und stehe zu dir, zu all dem, was dich ausmacht, und zu deiner Wahrheit.

Lege diese Karte auf dein Herz und sprich folgendes zu deiner Seele: Ich weiß, dass ich aus unendlicher Liebe komme, dass ich die Liebe lebe und sie hier auf der Erde tief verankern werde. Ich bin ein Samen aus dem unendlichen Kosmos, ich bin ein Diener des Lichts. Ich verankere hier das Bewusstsein der unendlichen Liebe.

Es ist jetzt an der Zeit, wir verändern die Welt, und dafür braucht es dich zu 100 Prozent.

Die Botschaft des Lichts an dich:

»Dein Herz ist dein Lehrer und du bist dein Herz, du bist pure Liebe. Spüre, wie sich dein Herz durch dich ausdrückt, wie es alles in deiner Umgebung leuchten lässt. Du bist das Licht, das Leuchten, die Liebe.«

13 ENTWICKLE DICH IMMER WEITER

Du **bist schon alles,**
was du werden wolltest.
Doch du solltest nie die Fähigkeit
verlieren, **zu lernen.**

Lernst du gerne immer wieder dazu? Bist du neugierig darauf, Neues auszuprobieren?

Jedes Kind trägt alles in sich, was es braucht. Das ist in seiner DNA angelegt und kann sich nach und nach entfalten. Du bist schon alles, was du gerne sein möchtest, da du ein vollkommenes Wesen bist, du hast das nur vergessen. Doch dieses Vergessen ist wichtig, damit du dich in deiner vollen Größe wiedererkennen kannst. Hinter jeder Wahrheit gibt es eine noch höhere Wahrheit, und je höher sich dein Bewusstsein entwickelt, desto mehr wirst du in der Lage sein, diese göttliche Wahrheit zu erkennen und zu verstehen.

Viele Menschen sind der Meinung, dass es nur die Wege gibt, die sie kennen. Jedoch verhindert diese Art und Weise zu denken, dass Wunder in dein Leben treten können. Du darfst dich entwickeln, du darfst lernen. Das ist Evolution. Beginne damit, dir in deinem Leben einen Raum für Wunder zu erschaffen.

Tool Box

Überprüfe, wo du in deinem Leben gerade vor einer Herausforderung stehst. Wo darfst du von vorgegebenen Meinungen abweichen, um Platz für eine größere Wahrheit zu machen. Entwicklung und Evolution bedeuten auch, einen Raum für neue, gemeinsame Win-win-Lösungen zu erschaffen. Du bist ein lebendiges Wunder und darfst nun die nächste Ebene betreten.

Beobachte, wie du über dich und andere denkst. Ändere dein Denken, falls es nicht aufbauend und konstruktiv ist. Nimm Verbindung zu dem großen Feld auf, das uns alle umgibt. Lass dich von der Wahrheit inspirieren.

Die Botschaft des Lichts an dich:

»Zeige dein Licht,
lade Wunder ein,
erwarte Wunder jederzeit.
Alles was du erreichst und was du heilst,
dient dir und gleichzeitig allem im Universum.
Du hast eine großartige Mission.«

14 RICHTE DICH AUF WAHRE WERTE AUS

Am Schluss wird ALLES GUT.
Das ist auch ***der Plan für die Menschheit***,
aber du musst dich dahin ausrichten,
was du willst. Wenn ***du eine friedliche***
Welt willst, erschaffst du Frieden.

Was sind deine wahren Werte?
Erschaffst du Frieden in deinem Umfeld?
Auf welche Werte konzentrierst du dich?

Alles hat mindestens zwei Seiten wie bei der berühmten Medaille. Und je größer die scheinbar unangenehme Seite ist, umso größer ist auch die segensreiche, die wundersame und heilende andere Seite der Medaille.
Genau darauf kannst du immer wieder deine Aufmerksamkeit richten. Je mehr du das machst, umso schneller erkennst du den unermesslichen Segen, der in allem enthalten ist.
Wisse, dass das Leben es gut mit dir meint, dass alles was im Außen passiert, dir dienlich ist.

Das Leben ist unendlich weise und es möchte, dass du glücklich bist.

Vertraue darauf, dass du immer schneller und klarer den Segen in allen Situationen erkennen kannst. Erkenne und spüre augenblicklich den Segen in Allem und nimm ihn an. Gleichzeitig darfst du auch Frieden in dir schließen, mit allen hellen und dunklen Anteilen. Wir haben alles, alle verschiedenen Aspekte des Seins in uns. Sobald du das in dir erkennst, kommst du aus jeglicher Verurteilung heraus. Du erkennst dich in der niedrigsten Frequenz der Liebe wie auch in ihrer höchsten Frequenz. Wenn du das gleichermaßen heiligst, öffnen sich in dir neue Dimensionen des Seins.

Tool Box

Übe immer mal wieder, eine ganz einfache Entscheidung zu treffen, wenn du mit einer schwierigen Situation konfrontiert bist. Sprich laut aus: »Mein Körper und ich nehmen den unermesslichen Segen, der in dieser Situation enthalten ist, an. Ich fokussiere mich auf den unermesslichen Segen, der in dieser Situation enthalten ist.«

So wirst du immer schneller den wundervollen Segen in jeder Gegebenheit erkennen und auch annehmen können, egal was für eine Situation es ist oder wie herausfordernd sie sein mag. Versuche, innezuhalten, bevor du jemanden oder etwas verurteilst. Du selbst hast alles in dir, was dir im Außen begegnet. Es sind verschiedene Aspekte der Liebe, heilige sie. Lege deinen Fokus auf die Aspekte, die dein Leben erfüllen dürfen.

Die Botschaft des Lichts an dich:

»Du gehörst zum großen Plan, du bist ein Teil davon,
erhebe dich und sei du selbst in deiner vollen Größe.
Sei du das Licht der Welt.«

15 DU BIST MULTIDIMENSIONAL

Spiritualität bedeutet, dein Bewusstsein
zu öffnen und dich zu erinnern,
wer du bist.
Du bist ein multidimensionales Wesen.
Du hast das vergessen,
aber nicht verloren.

Kannst du dich als multidimensionales Wesen wahrnehmen? Wie erlebst du deine ganz eigene Spiritualität?

Du bist ein multidimensionales Wesen. Du lebst, während du hier die dritte Dimension erfährst, auch gleichzeitig in allen anderen Dimensionen. Es ist dir nur noch nicht bewusst, aber es wird dir immer bewusster werden. In der Neuen Zeit werden wir immer mehr mit anderen Dimensionen interagieren können. Es ist kein abruptes »Aufsteigen« in eine andere Dimension, sondern ein Erweitern der Wahrnehmung, so dass du verschiedene Dimensionen erfassen kannst. Die dritte Dimension, in der wir uns gerade befinden, ist unendlich wichtig. Es ist der Raum, in dem wir physische Erfahrungen machen, die alle anderen Dimensionen beeinflussen.

Spüre, dass sich nach und nach Türen in neue Räume öffnen. Das sind Tore zu unserem universellen Wissen, zu multidimensionalen Informationsquellen.

Wenn du dich immer mehr dafür öffnest, wirst du spüren, dass du unendlich viel wahrnehmen kannst.

Nimm dieses Geschenk, nimm diesen wundervollen Segen an und integriere ihn jetzt in dir und in deinem Leben.

Tool Box

Es ist nun an der Zeit, dass du die Belohnung für deine jahrelange Arbeit an dir selbst erhältst. Du darfst diese Fülle, dich selbst als ein multidimensionales Wesen zu erleben, gänzlich integrieren.
Aufgrund deiner Entscheidungen wachst du immer mehr auf, es ist ein Prozess, der dir dich selbst und damit alles, was ist, immer näher bringt.
Du erkennst, dass nichts von dir getrennt ist, dass alle Menschen nur eine Projektion deines Seins, deiner Seele sind. Du bist ein Geschenk des Lebens an sich selbst, um sich in allen Facetten, Ebenen und Blickwinkeln zu erfahren.
Du brauchst nichts mehr dafür zu tun, als deinen Weg so wie bisher fortzusetzen. Du würdest sonst nicht hier an dieser Stelle stehen und diese Zeilen lesen. Du kannst dich nicht mit Unwahrheiten abfinden, du suchst immer nach der höchsten Wahrheit. Diese Suche wird dich zu dir selbst führen, in alle Dimensionen deines Seins.
So wirst du neue Möglichkeiten erschaffen, neue Realitätspläne kreieren und deine Sichtweise der Gegenwart auf alle Dimensionen erweitern können.
Du wirst dich unendlich geliebt fühlen und deine Liebe in die Welt senden. Selbst die Kommunikation und das Reisen zu anderen Orten, Planeten und universellen Welten wird für dich ein Kinderspiel sein.

Die Botschaft des Lichts an dich:

*»Erinnere dich an dein wahres multidimensionales Wesen!
Synchronisiere dich mit deinem höheren Selbst.
In dieser Zeit des Überganges braucht es dich
mehr denn je!«*

16 SPIELERISCHE LEICHTIGKEIT

Die ***alte Energie*** bewirkt,
dass alles langsam geht und
kompliziert ist.
Die ***neue Energie*** geht einfach,
schnell und mit
Leichtigkeit.

Wie oft fühlt sich dein Leben leicht an?
Nimmst du dir Zeit, einfach mal zu spielen?

Oft steckst du noch in alten, überholten Mustern oder Konditionierungen fest und glaubst, dass das Leben schwer und kompliziert ist. Wie oft hast du gehört, dass alles harte Arbeit ist und du dir erst etwas verdienen musst.

Diese Muster dürfen jetzt gehen.

Erinnere dich:
Wer bist du wirklich?
Mit welcher Macht bist du ausgestattet?

Du lebst in einer Zeit, in der sich die Energie enorm angehoben hat und die Frequenz so hoch ist, dass Prozesse wesentlich schneller vonstatten gehen. Dadurch geschieht vieles bedeutend leichter und direkter. Du musst nicht mehr lange warten, bis du die entsprechenden Ergebnisse in dein Leben ziehst. Häufig geschieht es schon augenblicklich dann, wenn du es im Einklang mit deiner Schöpferkraft und deiner Liebe kreierst.

Oft reicht es aus, dass du dir etwas wünschst und daran glaubst, dass das Gewünschte schon da ist.

Tool Box

Erinnere dich immer wieder daran, welch wundervolles, großartiges Wesen du bist.
Du bist geschaffen, um die Liebe in die verschiedenen Welten des Universums hinaus zu tragen.
Erinnere dich an deine wundervolle, schöne Herkunft.
Erinnere dich an deine Göttlichkeit.
Du darfst dich jetzt und hier ganz klar für deine wundervolle Schönheit, für deine Großartigkeit und ein leichtes Leben in einer grenzenlosen Fülle entscheiden. Du hast es deswegen verdient, weil du bist, was du bist, ein göttliches Schöpferwesen!
Weil genau du jetzt hier auf diesem Planeten bist, um die Schöpfung zu bereichern, neu zu gestalten und zu vollenden.

Die Botschaft des Lichts an dich:

»Du wundervolle Seele, erwarte Wunder,
lade sie ein, rechne mit ihnen!
Lade Freude und Leichtigkeit in dein Leben,
die Zeit der harten Arbeit ist vorbei, du wirst jetzt zum
Erschaffer, Kreator und Erbauer.«

17 ÜBERNIMM VERANTWORTUNG

Du hast, wie wir alle,
eine Verantwortung der **Erde,**
deinen **Vorfahren**
und auch dem
Universum gegenüber.

Kannst du die volle Verantwortung für alles, was in deinem Leben passiert, übernehmen?
Gibt es Bereiche, wo du Verantwortung unbewusst abgibst?
Erkennst du, wie unser Handeln alles beeinflusst?

Sobald du anfängst, Verantwortung zu übernehmen, wirst du spüren, wie sehr dich dieses Hinsehen erfüllt. Kaum etwas bringt dich so stark in deine Kraft wie der Moment, in dem du Verantwortung übernimmst und so mit dem Strom des Lebens fließt, wenn du Schritt für Schritt aus der Welt des Opfers in die kreative Zuversicht des wahrhaftigen Erschaffens hinein gehst.

Das äußere Bild, das du von der Welt hast, ist das innere Bild, das du von dir selbst in dir trägst. Wenn du schaust, wie du mit deinem inneren Kind umgegangen bist, was du erlebt hast in deiner Vergangenheit, in deiner Kindheit, kannst du erkennen, dass das Außen nur ein Spiegelbild ist. Das macht es dir leichter, aus dem Rückzug wieder ins Leben zu treten und in deine Verantwortung zu kommen. Übernimm in allen Lebensbereichen wieder deine Verantwortung und feiere das Leben.

Tool Box

So wie du deinem inneren Kind nur durch Liebe, Aufmerksamkeit, Behutsamkeit und Aufrichtigkeit wahrlich helfen kannst, so kannst du im Außen auch nur durch Liebe, Aufmerksamkeit sowie Wahrhaftigkeit helfen.

Bitte deine Helfer, deine Sternengeschwister, dich zu inspirieren, aktiviere deine Kreativität, deine schamanische Kraft.

Gehe über deine Angst hinaus, lasse Urteile und Angriffe los, denn sie verhindern deine Ermächtigung, die Verantwortung für dich selbst, dein Umfeld und die dir Anvertrauten zu übernehmen.

Du wirst auf diesem Weg deine eigene Göttlichkeit und die Göttlichkeit von allem, was ist, erkennen. Du wirst den verlorengeglaubten Weg wiederfinden, du wirst erkennen, dass du schon immer auf dem richtigen Weg warst.

Die Botschaft des Lichts an dich:

»Geliebte Seele, bediene dich deiner Gaben, erweitere deine Sinne und deine Intuition. Folge deinem inneren Herzens-Kompass, der dir unabhängig von den äußeren Strömungen und Meinungen deinen ganz eigenen Weg zeigen wird. Sei mutig und übernehme Verantwortung.«

18 BITTE UM EIN ZEICHEN

Du hast eine **Führung**,
die dir immer helfen wird,
wenn du offen dafür bist.
Allerdings musst du um
Hilfe oder **ein Zeichen** bitten.

Vertraust du deiner geistigen Führung?
Bittest du eine höhere Macht um Hilfe?
Nimmst du all die kleinen Zeichen wahr, die du überall finden kannst?

Es gibt unzählige Wesen um dich, die dir helfen wollen, deinen Weg zu gehen. Keines davon darf einfach ungefragt in dein Leben eingreifen.

Es braucht deinen Wunsch und deine klare Bitte, damit sie tätig werden. Für diese Wesen gilt immer, dass dein Wille Vorrang hat, selbst wenn du gerade auf dem Weg bist, dir selbst weh zu tun. Sie dürfen nur mit deiner Erlaubnis helfen.

Tool Box

Schließe deine Augen, setze dich gerade hin und spüre, wie dein Atem ruhiger wird. Dann bitte die Liebe, bitte den Schöpfer oder an was auch immer du glaubst, bitte die Wesen um dich herum, die dir unendlich wohlgesonnen sind, dir auf deinem Weg zu helfen.
Du wirst spüren, dass alleine schon deine Worte, gesprochen aus deinem Herzen, eine Veränderung bewirken.

Die geistigen Wesen freuen sich unendlich, dass sie dir helfen dürfen, und sie lassen dich ihre Gegenwart spüren.
Du kannst sie bitten, dass sie dir ein Zeichen geben, an dem du erkennst, dass sie wirklich vorhanden sind. Oft werden sie dir einen Beweis ihres Daseins und ihrer Liebe zeigen. Du darfst es freudig erwarten.

Die Botschaft des Lichts an dich:

»Geliebte Seele, du wirst von uns aus höheren Dimensionen begleitet. Wir helfen dir! Du kannst uns immer klarer wahrnehmen und dein Bewusstsein erweitert sich.«

19 DIE KRAFT DEINER GEDANKEN

Du kannst mit deinen **Gedanken**
sehr viel machen,
wenn du daran glaubst.
Deine **Gedanken** und dein
Glaube haben eine große Kraft
in deinem Energiefeld.

Glaubst du an die Kraft deiner Gedanken? Siehst du dich als Schöpferwesen?

Dein gesamtes Leben wurde durch deine Gedanken, deine Willenskraft und deine Gefühle kreiert. Du bist ein großer Schöpfer und unendlich machtvoll. Dein gesamtes Leben wurde durch deine Entscheidungen, durch deine bewussten und unbewussten Muster, Verhaltensweisen und Gefühle erschaffen.

Deswegen ist es so wichtig, genau zu schauen, was du kreieren möchtest, so dass du dich immer mehr mit deiner Schöpferkraft verbunden fühlst. Du bist unendlich mächtig, du kannst Welten und Realitäten erschaffen.

Ist dir das bewusst?

Wähle aus allen Realitäten und Welten das Schönste, das Liebevollste und Hingebungsvollste, was du dir vorstellen kannst.

Tool Box

Beginne zu träumen, setz dich hin und stell dir vor, was dir jetzt wirklich guttun würde. Erstelle ein Vision Board, auf dem du all deine Visionen, deine Träume und deine Wünsche festhältst.

Übernimm die Verantwortung für all deine Kreationen, für dein gesamtes Leben. Dadurch kommst du noch mehr in deine Kraft und kannst bewusster deiner Berufung folgen, ein unendliches und wunderschönes Licht für die Welt zu sein.

Es ist wundervoll, dass du und deine Gaben auf dieser Erde und auch in anderen Welten unendlich erwartet und gebraucht werden.

Zeige dein Licht, erhebe dich in der vollen Kraft deiner selbst und werde zum bewussten Werkzeug der lichtvollen Liebe.

Die Botschaft des Lichts an dich:

»Geliebte Seele, du wundervoller Mensch, wir freuen uns so sehr über dein Sein, über dein Wirken. Du bist unendlich wertvoll und einzigartig.«

20 ERINNERE DICH

Deine **Reife** hängt von deiner
Seele und deinem
Erinnerungsvermögen ab.
Alle Erfahrungen und Erkenntnisse,
die du in dieser Inkarnation
sammelst, nimmst du auch
in das nächste Leben mit.

Erinnerst du dich an frühere Leben?
Oder kannst du in die Zukunft sehen?
Hast du aus vorangegangenen Inkarnationen Talente und Vorlieben mitgebracht, die nicht aus diesem Leben stammen?

In dieser spannenden Zeit inkarnieren immer mehr Seelen, die nicht durch den Schleier des Vergessens von ihren Erinnerungen an frühere Leben getrennt sind. Sie kommen auf diesen Planeten und können da weitermachen, wo sie in der letzten Inkarnation aufgehört haben. Je mehr Bewusstheit du jetzt erreichst, umso bewusster kannst du an das bereits erreichte Wissen anknüpfen und darauf aufbauen.

Je mehr du hinsiehst und hinfühlst, je mehr du in deiner Eigenverantwortung lebst, umso leichter wird es für deine Seele werden, wenn es in die nächste Runde auf diesem Planeten geht. Du kannst dich vor nichts drücken, du kannst nicht weglaufen, du kannst nichts vermeiden, was für dich vorgesehen ist. Darum ist es gut, wirklich in die Verantwortung zu gehen und dem Unvermeidlichen wahrhaftig zu begegnen.

Tool Box

Es gibt eine ganz leichte Übung, um an Erfahrungen aus unserer Vergangenheit anzuknüpfen und darauf aufzubauen. Schließ deine Augen, komm ganz bei dir an und bitte die Macht der Liebe, dass du auf konstruktive Art und Weise an dein Wissen aus vergangenen Zeiten anknüpfen und darauf aufbauen kannst.

Vertraue dir, konzentriere dich ganz auf dich und lass dich nicht ablenken von Geschehnissen im Außen. Lenke deine Aufmerksamkeit und Energie ganz auf dich in deinem inneren Raum und auf deine Entwicklung.

Bitte darum, dass dies so geschieht, dass es dir und allen Wesen zum Wohle dient.

Die Botschaft des Lichts an dich:

»Vertraue dir, achte selbst auf die zartesten Impulse. Höre auf die leise Stimme deiner Seele, höre auf dein Herz, es weist dir den Weg. Du wirst gerufen!«

21 SEI EIN LEUCHTTURM

Wenn du aus einem lichtvollen
Bewusstsein heraus handelst,
wirst du zu einem **Leuchtturm**,
zu einem Vorbild für die Anderen.

Lässt du dein Licht in die Welt strahlen?
Bist du dir der Größe deines Energiefeldes bewusst?

Je bewusster und klarer du dich für die Liebe entscheidest, desto größer wird dein Energiefeld. Je authentischer und ganzheitlicher du in deiner Verantwortung lebst und umso mehr dein Körper und dein Bewusstsein miteinander durchdrungen sind, desto machtvoller und heller wird das Licht, welches aus dir hinaus in die Dunkelheit scheint. Du bist für andere ein Leuchtturm, Wegweiser und Hoffnungsträger, der seinen Nächsten an die Hand nimmt, um ihn aus der Dunkelheit ins Licht zu begleiten.

Du wirkst allein durch dein Dasein. Du musst nichts tun, außer zu leben, in Liebe zu handeln und zu wandeln. Du bist das Wunderschönste und Liebevollste, was es auf dieser wunderbaren Erde gibt.

Durch deine Liebe, die unaufdringlich, weise, liebevoll und achtsam einfach nur sich selbst gibt, berührst du deinen Nächsten auf tiefster Ebene, dadurch dürfen Heilung und Wunder ihren Raum finden.

Tool Box

Setz dich hin, beobachte deinen Atem, fühle dich ganz in deiner Kraft. Verbinde dich dann mit dem Herz der Erde und dem Herz des Himmels. Spüre, wie die Füße sich mit der Erde verbinden, wie Wurzeln aus ihnen bis in die Mitte der Erde hinein wachsen. Spüre gleichzeitig, wie dein Bewusstsein sich in den Himmel ausweitet und wie du die Erde aus dem All sehen kannst.

Weite deinen Lichtkörper aus und lass überall hin Licht fließen. Erstelle in deinem Bewusstsein Lichtsäulen, die wie Leuchttürme in die Welt strahlen. Du hast eine unvorstellbare Macht. Gebrauche sie, traue dich, neue Welten und Realitäten zu erschaffen.
Denke groß, sei dir mit Freude deiner unendlichen Kreativität bewusst. Sei ein Tänzer, der durch alle Welten und Dimensionen das Licht zum Leuchten und Strahlen bringt.

Es braucht auf den geistigen, aber auch auf den irdischen Ebenen Leuchttürme, Erinnerer, Wegweiser und Begleiter.

Die Botschaft des Lichts an dich:

»Liebste Seele, du bist ein Werkzeug der Liebe,
du bist reinste Liebe, lasse dein Licht leuchten,
du wirst so sehr gebraucht. Du bist ein Leuchtturm der
Hoffnung und Zuversicht.
Zeige Dich!«

22 WECHSELE DEINE PERSPEKTIVE

Verändere immer mal wieder
deine **Perspektive** und erkenne,
was alles gut läuft.
Schau nicht nur das an, was
nicht so ist, wie du es gern hättest.
Denn die **Energie fließt dorthin,**
wohin deine Gedanken gehen.

Bist du bereit, immer mal wieder deine Komfortzone zu verlassen?
Kannst du deine Perspektive von unterschiedlichen Ebenen aus auf bestimmte Situationen richten?

Viele Menschen haben aufgrund ihrer Erziehung und Konditionierung ein negatives Verhältnis zur Fülle, zu innerem und äußerem Reichtum und zu einem leichten Leben. Sie leben mehr oder weniger im Mangel, und trotz großer Anstrengung und vieler Bemühungen tragen diese nicht wirklich Früchte.

Das hat damit zu tun, dass sie ihren Fokus auf Mangelzustände richten. Wohin richtest du deinen Fokus? Auf alles, was nicht so gut in deinem Leben läuft, anstatt die Dinge zu sehen und zu feiern, die funktionieren und dir Freude bereiten?

Du kreierst dein Leben mit deinen Gedanken, unbewussten und bewussten Gefühlen, all deinen Sehnsüchten und deiner Freude oder Leid. Deswegen ist es so wichtig, dich selbst zu beobachten, und falls das Leben nicht so läuft, wie du es gerne hättest, diese Realität zu hinterfragen und neu zu gestalten.

Heute ist ein wundervoller Tag, um das Leben auf eine konstruktive Art und Weise anzugehen. Es ist genau der richtige Moment, um jetzt in deine Kraft zu kommen und als bewusster Mensch, als kosmische Seele, dein Erbe anzunehmen. Du hast alles in dir, was du brauchst, um aus jeder Situation ein Geschenk zu machen. Es liegt ganz alleine an dir, wie du damit umgehst.

Tool Box

Nimm dir ein Blatt Papier und schreibe auf, was in deinem Leben schon alles gut läuft. Nimm es ganz genau wahr, besonders all die Kleinigkeiten, die du leicht übersiehst. Es wird eine ganze Menge sein. Dadurch wirst du dich ganz in der Fülle fühlen. Dabei geht es nicht nur um das Materielle, sondern genauso um erfüllende, bereichernde Beziehungen, segensvolle Begebenheiten oder Schönheit, die dich überall umgibt, wenn du sie nur wahrnimmst. Wenn du jetzt eine tiefe Dankbarkeit dafür empfinden kannst, wirst du spüren, wie du dich immer mehr auf Empfangen und Fülle ausrichtest.
So kannst du ganz bewusst durch eine dankbare Haltung und das Ausrichten auf positive Dinge dein Leben immer mehr mit segensreichen, beglückenden Situationen bereichern.

Die Botschaft des Lichts an dich:

»Alles was du bist, ist unendlich wertvoll, jede Nuance, jeder Moment deines Seins ist kostbar. Heilige dich, feiere dich, zeige dich und lass dich vom Leben verwöhnen, du hast es verdient.«

23 HERZENSWÜNSCHE

Es gibt nichts Stärkeres als einen Wunsch, der aus dem Herzen kommt.
Wenn sich viele Menschen zusammentun, die das Gleiche wünschen und tun, wird sich etwas verändern.

Was sind deine wahren Herzenswünsche? Welche Veränderungen wünschst du dir?

Ein Herzenswunsch, der aus Wahrhaftigkeit und dem höheren Bewusstsein entsprungen ist, hat eine starke Macht, weil er der universellen Wahrheit entspricht.

Je mehr Menschen sich gemeinsam auf die Liebe und die Wahrhaftigkeit ausrichten, umso wundervoller geschieht die Evolution in und um uns herum.

Dein Herz ist dein Kompass, der dir den Weg zeigt. Du spürst ganz genau, was als nächstes für dich dran ist. Vertraue dir und deiner Wahrnehmung im Herzen. Deswegen ist es so wichtig für dich, darauf zu achten, mit wem du deine Zeit verbringst. Suche dir ein Umfeld, wo dein Herz gern offen bleibt. Höre die leisen Botschaften deines Herzens.

Tool Box

Freue dich, da dich andere Menschen rufen, um mit dir gemeinsam eine neue, wahrhaftige liebevolle und heilige Realität zu erschaffen.

Stell dich hin, schließe die Augen, erhebe deine Arme mit geöffneten Handflächen nach vorne und verbinde dich mit allen Wesen, die bereit sind mit dir gemeinsam eine neue Realität zu erschaffen. Geh in dein Herz und lasse Energie von dort bis in deine Handflächen strömen. Du sendest Liebe, Licht und Energie mit einer Absicht deiner Wahl in die Welt. Während du das tust, wirst du an deinen Handflächen und in deinem Herzen spüren, wie Verbindungen zu anderen Wesen, Menschen und deinen Begleitern und Schutzengeln hergestellt wird. Heilige diese Verbindungen, heilige dich als ein Werkzeug der Liebe.

Die Botschaft des Lichts an dich:

»Liebste Seele,
glaube an dich und halte dein Herz offen,
du bist ein unendlich schönes Geschenk
an die Menschen.«

24 DRÜCK DEN SCHALTER

Nur wenn du etwas tief
in dir verstehst,
wird der Schalter umgelegt.
Du erkennst aber nur **die Dinge,**
die du verstehen willst.

Änderst du immer mal wieder deinen Blickwinkel? Kannst du dich für größere Perspektiven öffnen?

Es liegt in deiner Verantwortung, wie schnell du dich entwickelst. Du selbst entscheidest, was du aus deinem Leben machst. Du hast einen freien Willen, und kein Wesen, weder feinstofflich noch materiell, kann in diesen Willen eingreifen. Vielleicht weißt du oft gar nicht, was du willst. Du sendest dadurch mehrdeutige Botschaften in den Äther und wunderst dich, dass das Leben anders verläuft, als du es dir, oberflächlich gesehen, wünschst.

Wenn du nicht wirklich hinsiehst, siehst du auch nicht die verborgenen Muster, die dich daran hindern, dich selbst weiter zu entwickeln. Wir haben alle mehr oder weniger verborgene Muster, die wir aus den vergangenen Leben oder auch aus unserer Kindheit in uns angelegt haben. Diese Muster und Verhaltensweisen sind oft unbewusst und es erfordert viel Mut und oft auch eine gute Führung, an diese Muster überhaupt heranzukommen, sie zu sehen und aufzulösen.

Wenn du aber nicht den wirklichen Willen zur Erkenntnis der Wahrheit hast, wenn du dich nicht der Wahrheit verpflichtest, dann wirst du auch nur eine Halbwahrheit erkennen und vieles, was dich am Heilsein hindert, wirst du nicht erfassen. Es liegt in deiner Hand, in deinem Willen und deiner Entscheidungskraft, weiterzugehen oder stehenzubleiben.

Beides ist in Ordnung und beides hat auch seine Zeit. Wenn du spürst, dass du wirklich weitergehen möchtest, dass du bewusster und kreativer voller Schöpferkraft und Freude dein Leben gestalten möchtest, dann bitte die Liebe, dir auf diesem Weg zu helfen.

Tool Box

Erlaube dir, dass du dir deiner wahren Macht und Verantwortung bewusst wirst. Wenn du erkennst, dass du für alles in deinem Leben verantwortlich bist und nicht andere für Situationen verantwortlich machen kannst, die dir nicht gefallen, wirst du in einen neuen, schöpferischen Prozess kommen, der dir eine wundervolle Fülle bringen wird.
Bring diese Erfahrungen tief in deine Zellen hinein und lasse alte Glaubensmuster los, die dich am Wachsen hindern.

Die Botschaft des Lichts an dich:

»Danke für dein Sein, für deine Liebe und deine Milde
zu dir selbst und zu allen Wesen, zu allem was ist.
Du bist die Liebe in reinster Form.
Fange JETZT an, deine Geschichte neu zu schreiben,
programmiere dich neu!«

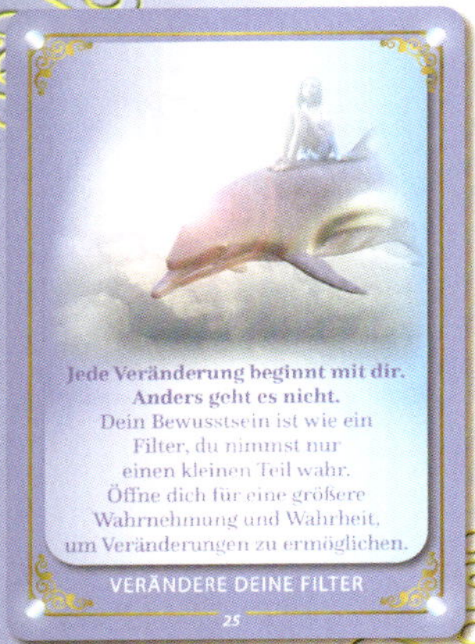

25 VERÄNDERE DEINE FILTER

Jede Veränderung beginnt mit dir.
Anders geht es nicht.
Dein Bewusstsein ist wie ein
Filter, du nimmst nur
einen kleinen Teil wahr.
Öffne dich für eine größere
Wahrnehmung und Wahrheit,
um Veränderungen zu ermöglichen.

Bist du bereit, dich immer wieder zu verändern?
Kannst du dich immer wieder für eine größere Wahrnehmung und Wahrheit öffnen?

Du kannst nur das sehen, was du für möglich hältst. Wenn du nicht an fliegende Krokodile glaubst, wirst du auch keine sehen. Aber wenn du es für möglich hältst, kann es tatsächlich sein, dass sich dir Drachen und andere Wesenheiten zeigen.
Jedes Wesen mit einem Bewusstsein hat seine ganz eigene Realität, die es für die absolute Wahrheit hält. Das heißt aber nicht, dass dies die letzte Wahrheit ist, dass es die einzige Realität ist, die gültig ist.
Dazu kommt noch, dass die Realität, an die du glaubst, immer größer, stärker und realer wird, je länger und intensiver du deine Aufmerksamkeit mit all deinen Gedanken und Gefühlen darauf richtest. Das, was du für real hältst, wird immer größer und mächtiger.

Tool Box

Schau dir an, ob dir die Realität, die du geschaffen hast, guttut. Überprüfe, ob sie dich als Gewinner oder als Opfer dastehen lässt. Du kannst jederzeit deine Realität neu erschaffen, indem du deine Sichtweise und deinen Standpunkt änderst. Dazu braucht es deinen klaren Willen, deine mutige Entscheidung und die Bereitschaft, die Wahrheit zu erkennen.

Schließe die Augen und beobachte deinen Atem. Bitte die Liebe und dein höheres Selbst, dich zu führen und bitte darum, dass du die Wahrheit erkennst, die Wahrheit, die hinter allem steht. Die universelle Wahrheit, in der du tatsächlich leben möchtest, weil sie deiner Natur entspricht.

Die Botschaft des Lichts an dich:

*»Deine Seele möchte sich noch viel mehr selbst erfahren,
tiefer und in allen Facetten.
Denke groß, du schöne Seele, halte alles für möglich,
alles dient dir.«*

26 FÜHLE LIEBE

Du weißt,
dass es letztendlich immer
um Liebe geht, deshalb genügt es,
in Liebe an jemanden zu denken,
um das Gefühl der Liebe in dir
zu erzeugen.

Fühlst du dich geliebt?
Wem schenkst du deine Liebe?

Liebe ist der Grund, aus dem alles entsteht und aus dem wir immer handeln, sei es aus der Sehnsucht, geliebt zu werden oder Liebe zu geben.

Du hast alle Freiheiten, dir das Schönste, das Liebevollste oder was auch immer du dir wünschst, vorzustellen.

Gedanken sind eines deiner mächtigsten Werkzeuge. So kreierst du ununterbrochen deine Realität. Meistens ist es dir allerdings nicht bewusst, jedoch kannst du dich jederzeit neu entscheiden, was du denkst und was du fühlst.

Tool Box

Suche dir einen ruhigen Moment, in dem du ganz in dir ankommen kannst. Erschaffe dir einen heiligen Raum. Setz dich hin, schließ die Augen und denke an einen schönen Moment in deinem Leben. Nimm alle Gefühle in dir wahr, die dabei hochkommen. Spüre, wie sich dein Körper entspannt und wieder ins Fließen kommt, wie wieder Verbindung entsteht.

Diese Qualität des Fühlens, des Wahrnehmens, darfst du jetzt als einen Dauerzustand haben, du darfst dich immer wieder dafür entscheiden.

Erweitere nun diesen Zustand auf die ganze Erde. Fühle, dass du so viel Liebe in dir hast, dass jede Seele, alles auf diesem Planeten von deiner Liebe durchströmt wird.

Visualisiere, wie diese Liebe alles durchtränkt und je mehr sie aus dir herausströmt, wie du selbst zu einer gleißenden Sonne aus purer Liebe wirst. Du gibst damit eine große Heilung in das Feld.

Die Botschaft des Lichts an dich:

»Nimm dein Erbe als ein liebendes, strahlendes Wesen an, wir leben in der Zeitqualität, in der dein einzigartiges Wirken benötigt wird. Wir feiern dich, und wir begleiten dich auf all deinen Wegen.«

27 SEI MUTIG

Du hast viel mehr **Mut** gebraucht,
um hier zu inkarnieren,
als du **Mut** für die Zeit brauchst,
die jetzt **noch vor dir liegt.**

Kannst du dich mutig Herausforderungen stellen? Ziehst du dein Schwert für die Wahrheit?

Viele Menschen haben Angst vor der Welt »da draußen«. Sie haben Angst vor den Mitmenschen, der Berufswelt und davor, sich in dieser Welt zu behaupten.

Tatsächlich darfst du dich erinnern, dass es viel mehr Mut brauchte, um überhaupt auf diese Erde zu kommen. Du verfolgst einen großen Plan, der das Vergessen deiner Göttlichkeit innehat, damit du dich wieder als Ganzes erkennen darfst.

Du darfst wirklich zuversichtlich sein. Du hast den größten Teil des Weges schon geschafft. Du würdest sonst diese Zeilen hier nicht lesen. Sei frohen Mutes, verbinde dich mit Menschen, die gleichgesinnt sind und zeige dich. Dein Licht, deine Gaben sind einmalig und werden hier gebraucht.

Tool Box

Du bist in Wahrheit ein Meister der Manifestation. Alles um dich herum hast du kreiert. Dein Schwert ist der Strahl des Bewusstseins und der Liebe, die durch dich hindurch in alles in deinem Umfeld hineinstrahlt und es belebt.
Setze diese Handlung bewusst ein, lenke dein Licht in die Dunkelheit und lasse alles in gleißendem Gold erscheinen. Du bist dieses machtvolle Wesen, welches hier auf dieser Erde inkarniert ist, um sein Werk zu vollenden.

Die Saat in deinem Herzen bricht nun aus dir hervor und berührt alles auf deinem Weg. Führe deine Geschwister durch dein Vorbild an. Hilf ihnen, indem du das bist und vorlebst, was du selbst erleben möchtest.

Setz deine heilige Krone wieder auf dein Haupt, gehe aufrecht, würdevoll und voller Liebe durch diesen heiligen Tag, durch dieses heilige Leben.

Die Botschaft des Lichts an dich:

»Du bist alles, du hast alles in dir. Heilige es, liebe es, akzeptiere alle Facetten von dir, so wirst du keine Angst vor dir selbst oder im Außen erleben.
Drücke deine Liebe auf jede erdenkliche Weise aus, geliebtes Sternenkind.«

28 DER FLUSS DES LEBENS

Die **Basis** von allem ist,
dass du in deinem Herzen bist.
Wenn du im Herzen bist,
kannst du **im Fluss des Lebens**
mitfließen.

Fühlst du dich manchmal entwurzelt?
Fühlst du dich von manchen Situationen überrollt und ihnen nicht gewachsen?

Viele Menschen sind aufgrund ihrer Entwicklung, ihrer Geschichte, ihrer Erziehung und ihres Umfeldes im Kopf. Das ist die Ebene, auf der wir uns eventuell sicher fühlen, weil uns Erlebnisse aus unserer Kindheit und im Verlauf des Lebens aus dem Körper getrieben haben. Unser Schwerpunkt liegt im Verstand. Und das hat zur Folge, dass du nicht den Körper als Werkzeug der Liebe nutzen kannst. Fließen und Verbindung entstehen erst, wenn du mit dem Körper eins bist. Wenn Herz und Verstand in einer Symbiose miteinander arbeiten. Wenn Denken und Fühlen ausgeglichen sind.

Überprüfe, ob du dein Leben mehr mit dem Verstand oder in einer Symbiose mit dem Körper gestaltest.

Genauso ist es nicht ratsam, nur mit dem Gefühl sein Leben zu kreieren und den Verstand außer acht zu lassen. Dein Intellekt oder Verstand ist ein Werkzeug, ein Hilfsmittel für dein Leben. Durch deinen Intellekt kannst du Dinge begreifen und Verbindungen herstellen und mit deinem Körper kannst du es leben und mit Liebe füllen.

Beides, Denken und Fühlen, ausgewogen zu gebrauchen ist eine Kunst, die durch dein Herz geleitet wird. Du wirst mit deinem Herzen immer spüren, was jetzt in diesem Moment gebraucht wird.

Tool Box

Setze dich aufrecht hin, schließe die Augen und spüre deinen Atem, wie er dich mit Liebe erfüllt und wie du ihn wieder loslässt. Spüre, wie dein Atem durch deine Nase in deinen Körper und durch die Füße in die Erde geht.

Jetzt lege ganz intuitiv deine rechte Hand auf die gefühlte Körpermitte. Du kannst an der Position der Hand nun erkennen, wie viel Bewusstsein, Aufmerksamkeit der obere, dein Himmel und Intellekt und deine Wurzeln, der untere Teil deines Körpers von dir bekommen.

Durch die Erfahrungen in ihrer Kindheit ziehen sich die meisten Menschen aus dem Körper raus und vergessen ihn. Nun geht es darum, ihn wieder zu beseelen, zu inkarnieren und ganz zurück in den Körper, den Tempel deiner Seele, zu kommen. Mach es dir in dir selbst gemütlich, gehe liebevoll und sanft mit deinem Körper um.

Die Botschaft des Lichts an dich:

»Geliebtes Wesen, wundervolle Seele,
heilige dein Sein,
heilige dich und alle Aspekte deines Weges.
Heilige die Tiefen und die Höhen,
heilige alles in dir und um dich herum.
Du bist heilig, voller Liebe und Licht.«

29 DER SINN VON LIEBE

Humor oder Liebe haben eine transformative Kraft.
Es ist, als würde man goldene Wolken
in die Dunkelheit schicken.
Das ist der Sinn von Liebe.
Es bedeutet, dass jedes Wesen immer
wieder die Chance bekommt,
sich dem Positiven zuzuwenden
und sich zu ändern.

Fühlst du dich geliebt und vom Leben getragen?
Wo spürst du eine tiefe Sehnsucht in dir?

Liebe ist die stärkste Macht im Universum. Alles besteht aus Liebe. Mit ihr kannst du alles erreichen. Liebe und Leichtigkeit gepaart mit Bewusstheit und wirklicher Verpflichtung der Wahrheit gegenüber lässt dein Leben zu einem wundervollen Erleben werden. Wenn du aufhörst, dich selbst und andere zu richten, wenn du dich nicht selbst in Schubladen einsperrst, sondern dich emporhebst, dann wirst du erleben, wie mächtig dein Wirken ist.

Möchtest du etwas im Außen verändern, sende dorthin Liebe, wo du dir Veränderung wünschst und sende sie zu dir selbst in den Bereich, der sich nach dieser Veränderung sehnt. Schau auch, warum du diese Veränderung herbeisehnst. Was ist das wahre Motiv in dir?

Jetzt ist es an der Zeit, deine Herzensmacht und Kraft in Anspruch zu nehmen. Es ist an der Zeit, dass du deine wahre Begabung in die Welt hinausträgst und dich zeigst. Du, deine Liebe und dein Bewusstsein werden gebraucht. Das, was du der Welt zu geben hast, kannst in dieser Kombination nur du.

Tool Box

Verbinde dich mit anderen Starseeds, Sternengeschwistern, mit deiner Ursprungsfamilie. Die Zeit, sich alleine im stillen Kämmerchen zu entwickeln darf sich nun in Richtung Gemeinsamkeit verändern.

Schreibe auf, was deine Gaben sind, zeige sie deinen Freunden, sprich mit ihnen darüber. Dadurch, dass du dich mitteilst, und durch die Verbindung, die beim gemeinsamen Sein entsteht, erkennst du dich selbst wesentlich leichter, als wenn du es alleine tust. Du wirst sehen, wie du andere mit deiner Art zu sein sehr berührst.

Verbinde dich mit konstruktiven Menschen, die dein Licht erkennen und die dich lieben.

Die Botschaft des Lichts an dich:

»Deine größte Schwäche ist auch deine größte Gabe.
Erlaube dir, du wundervolle Seele, dich zu erkennen,
deine Gaben sind einzigartig und voller Segen.
Danke, dass du bist.«

30 MEISTERE DEINE LERNAUFGABEN

Wenn dir Situationen immer wieder begegnen, sind das Lernaufgaben. **Mit Liebe und positiven Emotionen kannst du Situationen verändern.**

Wie reagierst du auf Herausforderungen in deinem Leben? Meisterst du die Schule des Lebens immer wieder auf deine ganz spezielle Weise?

Das Leben ist unendlich weise und du kannst darauf vertrauen, dass alles, was passiert, eine Entsprechung in deinem Sein hat. Alles, was im Außen passiert, hat in dir seine Ursache. Richtest du dich auf den Segen aus, der in allem enthalten ist, was dir begegnet, dann wirst du sehen und erkennen, warum dir die entsprechende Situation begegnet ist.

Vieles sind tatsächlich Lernaufgaben, weil du an diesen Stellen noch unbewusst bist oder ein falsches Setting hast. Auf dieser Erde gibt es kein richtig und falsch. Es gibt nur ein »es ist«. Aber dieses »es ist« kann sehr unterschiedliche Auswirkungen auf dein Befinden haben. Und du selbst darfst entscheiden, ob du dich weiterentwickeln oder ob du stehenbleiben möchtest.

Das Leben ist neutral zu dir und wird dir aufgrund deines Settings immer deutlichere Hinweise geben, was für dich gut ist. Das Leben verurteilt dich nicht, das tun nur wir Menschen. Sobald du wirklich hinsiehst und erkennst, dass alles, was dir begegnet, eine Folge deiner Gedanken ist, wirst du zum kreativen Schöpfer.

Vieles hast du schon verstanden, kannst es geistig erfassen dank deines Intellekts und deines Bewusstseins. Allerdings ist es wichtig, dass das Gelernte vom Kopf in die Hand geht, dass es in die Materie hineingeht. Erst wenn du den Situationen, auf die du zuerst mit Groll und Schmerz reagiert hast, mit Leichtigkeit begegnen kannst, ihnen tatsächlich eine unbeschwerte Liebe zukommen lassen kannst, bist du frei.

Tool Box

Überprüfe, was gerade in dieser Situation deine Lernaufgabe ist. Schau genau hin, fühle genau hin und entscheide dich, den absoluten Segen und die Wahrheit in dieser Begebenheit zu erkennen.
Bitte die Liebe, bitte dein höheres Bewusstsein und die Meister und Engel um dich herum, dir auf diesem Weg des Erkennens und des Segens zu helfen. Es ist tatsächlich viel leichter als du es glauben magst.
Steh auf, erhebe dich und zeige dein Licht dieser Welt, schau in den Spiegel und erkenne dein Strahlen und deine Macht.

Die Botschaft des Lichts an dich:

»Du hast dich für die Wahrhaftigkeit,
für die Liebe und für dich entschieden.
Dafür danke ich dir aus ganzem Herzen.
Du spürst immer mehr deinen Weg.
Du bist ein Geschenk für dieses Universum
und weit darüber hinaus.«

31 WACH AUF!

Nirgendwo gibt es eine so komplette Vollnarkose wie auf diesem Planeten. Sie besteht darin, dass du denkst, vom Göttlichen getrennt zu sein. Jetzt geht es darum, **dich wieder zu verbinden** oder vielmehr ein Kabel zu entdecken, das schon gelegt ist.

Wo schläfst du noch und fühlst dich getrennt? Bist du ganz wach?

Schöner kann man es kaum ausdrücken. Es geht tatsächlich nur um das Erinnern. Denn du bist ein Teil von einem göttlichen Schöpferplan. Du hast nur vergessen, dass du ein göttliches, multidimensionales Wesen in einem menschlichen Körper bist. Es geht darum, dass du dich selbst erfährst, dass du dich selbst erkennst.

Du trägst alles in dir. Das gesamte Wissen der Schöpfung ist dir dienlich und du kannst darauf zurückgreifen. Bis du diese Verbindung wieder erlangt hast, wirst du Erfahrungen machen, die du nur mit deinem Körper, den du auf der dreidimensionalen Erde besitzt, machen kannst. Genauso wie der Tod, der den Prozess des Erkennens und der Entwicklung enorm beschleunigt, dient auch das Vergessen dazu, dich wirklich zu erkennen und dein Licht vollends in dir leben zu lassen.

Heute ist ein Tag zum Jubeln. Dieser Tag ist der richtige Moment, dass du dich wirklich noch tiefer erinnern darfst, wer du wirklich bist. Du bist ein göttliches, vollkommenes Wesen mit einer unendlichen Liebe, die aus jeder Zelle deines Seins emporstrahlt, und das eine Sehnsucht hat, sich in allem wieder zu erkennen und zu verbinden.

Tool Box

Wir leben in einer Zeit, in der die Energie so hoch ist und die Liebe so hoch schwingt, dass alles, um das wir bitten, sehr schnell in unser Leben kommen kann. Die Liebe unterscheidet nicht in Wünschen hoher oder niedriger Schwingung, sie erfüllt nur deine Kreationen. Dadurch kannst du schneller Erfahrungen machen.

Werde dir bewusst, wie sehr du selbst für die Zustände in deinem Leben verantwortlich bist. Es gibt kein Außen, keine anderen Schuldigen, es gibt nur Rollen, die erfüllt werden. Geh in deine Verantwortung. Erkenne dich in allem, was ist, und in allem, was dir begegnet. Es ist eine Herausforderung, die du jetzt meistern kannst, du wirst dabei unterstützt.

Die Botschaft des Lichts an dich:

»So schön, wie du mit Humor und Leichtigkeit
die Erfahrungen deiner Seele wahrnimmst,
wie du jeden »Fehler« als Geschenk erkennst
und dich und damit alles heiligst.
Ja, du bist göttlich!«

32 DIE QUELLE DER SEELE

Jede Seele ist vor Urzeiten **aus der Quelle entsprungen.**
Deine Seele führt jetzt dein Leben.
Du bist deine Seele,
also bist du ein göttliches Wesen.

Fühlst du eine tiefe Sehnsucht in dir, wenn du den Sternenhimmel beobachtest?
Hast du manchmal das Gefühl, fremd hier auf der Erde zu sein?

Du musst wissen, warum du hier bist.
Allein der Wunsch, das wissen zu wollen und die Erinnerung daran wieder in dein Leben einzuladen, wird deinen jetzigen Zustand beeinflussen und deine Zukunft gestalten.

Du bist hier, weil sich vor langer, langer Zeit schon viele Wesen aus anderen Welten und Dimensionen zusammengetan haben, um sich hier mit dir genetisch zu verbinden.

Du bist sehr wichtig für die Quelle allen Seins. Dein Leben, dein ganzes Sein bereichert das Universum.

Du bist erschaffen worden, um etwas zu verändern, wozu die Wesen aus anderen Welten ohne deine Hilfe nicht in der Lage sind. Du bist da, um Erfahrungen zu machen, die einmalig sind und die wichtig sind, damit du dich wahrhaftig an deine Herkunft erinnern kannst.
Du bist da, um schon bald wieder in die verschiedenen universellen

Universitäten und Welten zu gehen und um dein Wissen, deine Liebe und dein Bewusstsein weiter zu tragen.

Es darf jetzt sein, dass du dich wahrhaftig erinnerst und du einen großen Schritt in deinem Leben vorangehst. Nimm dein göttliches Erbe an und erlebe immer tiefer im Körper, wer du wahrhaftig bist.

Tool Box

Stell dich aufrecht hin, schließ die Augen und breite die Arme aus, die Handflächen geöffnet. Atme tief ein und aus. Wiederhole das dreimal. Richte die Arme aufwärts, die Handflächen gegen den Himmel gestreckt, und spüre, wie du mit deiner Seelenquelle und den kosmischen Welten verbunden bist. Stell dir vor, wie deine DNA immer mehr aktiviert wird und du dich erinnerst, was deine wahre Natur und Herkunft ist. Spüre dein Zuhause im Kosmos, spüre deine universelle kosmische Liebesenergie, spüre deine hohe geistige Herkunft.
Sobald du das in dir wahrnimmst, sage dreimal:
»Ja, ich nehme mein Göttliches Erbe an!«
Spüre dabei, wie sich deine Zellen, während du das sagst, neu ausrichten, wie alte Muster nicht mehr wirksam sind und du gerade einen Neustart für dich selbst bewirkt hast. Jetzt kommst du in die Kraft, um dich immer mehr als göttliches, wundervolles Wesen konstruktiv aufzubauen.

Die Botschaft des Lichts an dich:

*»Du bist schon in höheren Dimensionen zu Hause,
du darfst dir mehr vertrauen, deine Wahrnehmungen
noch vertrauensvoller erkennen und die Fülle
deines Seins annehmen.
Ja, du bist unendlich und du bist Liebe.«*

33 DEIN GÖTTLICHER FUNKE

Menschen, die Andere *inspirieren*,
wurden als **Kanal** geschickt, damit die
göttlichen Ebenen,
die du vergessen hast, eine Möglichkeit
erhalten, wieder in deine
Wahrnehmung zu kommen.
**So kannst du dich erinnern,
dass du den göttlichen Funken
in DIR trägst.**

Wo bist du besonders kreativ in deinem Leben? Inspirierst du oft andere Menschen?

Du hast so viel erreicht, du bist so viele Wege gegangen und bist inzwischen ein Mensch geworden, der durch sein Dasein das Licht in anderen Menschen erinnert und berührt. Du bist ein Visionär, ein Inspirator, ein Erinnerer und ein Lichtträger.

Du bist die unteren Wege der Demut gegangen, hast die Tiefen des Lebens durchschritten und kannst dadurch andere Menschen, Wesen und Seelen dabei unterstützen, ihr Licht zu erkennen und es auf allen Ebenen strahlen zu lassen. Durch die Tiefe in dir, durch die Verwurzelung, bist du standhaft und gleichzeitig hast du dein Bewusstsein nach oben hin geöffnet und bist dadurch immer an das Universum und seine Fülle angeschlossen.

Du hast deine schamanische Kraft integriert, hast viele Aufgaben gemeistert und kannst auf ihnen aufbauen. Sie dienen dir, um neue Herausforderungen mit Leichtigkeit und in Fülle zu integrieren. Das Universum schenkt dir alles, was du brauchst, damit du dich hier ganz auf deine Aufgaben konzentrieren kannst.

Tool Box

Du darfst nun einmal Resümee ziehen. Was hast du schon alles gemeistert in deinem Leben? Wo hast du neue kreative Wege gefunden? Wie oft haben deine Inspirationen andere beflügelt?
Schreibe auf, über welche besonderen Gaben du verfügst. Welche Geschenke und Wunder trägst du in dir, die du mit anderen teilen kannst?
Mache eine Liste mit dem, was dir dazu einfällt.
Du darfst stolz sein auf deinen Weg.

Stolz ist nichts Verwerfliches, er ist etwas Wundervolles, da du die Demut in dir trägst und du dich in allem erkennst.

Erwarte jeden Tag Wunder auf deinen Wegen, du bist selbst eines und trägst das Licht der Wahrhaftigkeit in dir. Wunder begleiten deinen Weg. Teile deine Gaben mit allen um dich herum, mit der Welt, und erfreue dich des Lebens.

Die Botschaft des Lichts an dich:

»Es tut so gut, wie du dich immer mehr erinnerst, wie du immer mehr das lebst, was deine Berufung ist.
Du bist eine lichtvolle Brücke zwischen Himmel und Erde, du bringst den Himmel auf die Erde und den Menschen den Himmel nahe.
Du wundervolles Geschenk des Lebens an sich selbst.
Danke!«

34 DU BIST VOLLKOMMEN

Immer, wenn du etwas für dich selbst tust, machst du das auch für alle anderen.

Das Schöne ist, dass du schon **vollkommen** bist, und dass die ganze Arbeit, die du an dir tust, auch den Menschen **dient,** die nach dir kommen.

Liebst du dich?
Kannst du deine göttliche Vollkommenheit wirklich anerkennen?

Es ist eine Gnade, lieben zu dürfen und im Dienst von etwas viel Größerem zu stehen. **Das ist dein wahrer Dienst für die Welt.**

Das größte Geschenk, das du dir selbst machen kannst, ist es, dich zu lieben.

Es steht und fällt mit dir, wie du dich und dein Leben einteilst. Wie du dich selbst bewertest und dich feierst oder dich richtest.

Du bist vollkommen geboren, alles was du tust, geschieht auch in Vollkommenheit. Es liegt an dir, ob du das Vergangene als unvollkommen bemisst oder dich als ein vollkommenes Wesen erkennen kannst. Du wirst entsprechend deines Glaubens die entsprechenden Menschen und Situationen in deinem Umfeld finden.

Alles, was du bisher erreicht hast, und all die Prozesse, durch die du erfolgreich gehst, dienen dem großen Ganzen, den Menschen und auch allen Planeten in diesem und anderen Universen.

Je heiler du wirst, umso mehr kannst du Heilung nach Außen und in dein Umfeld bringen. Es beginnt immer bei dir.

Wir sind alle miteinander verwoben, alles hat so wundervolle, unendliche Auswirkungen und ist miteinander verknüpft. Wenn du einen Schritt in die Liebe tust, wenn du deinem inneren und äußeren Kind Liebe gibst, dann schenkst du allen inneren und äußeren Kindern Liebe und Heilung.

Tool Box

Setz dich ganz bequem an deinen Lieblingsplatz und schließ die Augen. Jetzt lass dein Leben Revue passieren, ganz viele unterschiedliche Situationen und Momente erscheinen in deinem inneren Raum. Erkenne, dass du letztlich, wenn du genau dahinter schaust, alles aus dem unendlichen Wunsch, geliebt zu werden und/oder Liebe zu geben, getan hast. Jede deiner Handlungen rührt aus diesem tiefen Wunsch.
Wenn du nun dich selbst und dein inneres Kind in dieser entsprechenden Situation einfach in den Arm nimmst und ihm Liebe gibst, wirst du spüren, dass alle diese Augenblicke zu heiligen Momenten deines Lebens werden.

Die Botschaft des Lichts an dich:

»Jegliche Handlung deines Seins, deiner Seele ist unendlich wertvoll, heilige dich, heilige alles und alle, und du wirst augenblicklich die Göttlichkeit in deinem Sein wahrnehmen.«

35 VERÄNDERUNGEN GESCHEHEN

Wenn etwas Neues entsteht,
dann fließt es mit dem Alten eine
Zeitlang parallel. Du musst nicht
gegen das Alte kämpfen.
Es wird automatisch vergehen,
sobald es nicht mehr aktuell ist.
Für eine Veränderung musst du
keine Gewalt anwenden.

Hältst du manchmal am Alten fest?
Hast du Angst vor Veränderungen?

Gerade leben wir in einer Zeit, in der wir wunderbar erkennen können, dass jeder in seiner ganz eigenen Realität lebt. Das, woran du glaubst, ist in deiner ganz eigenen Welt auch sichtbar.

Du gehst in eine neue Zeit, das Alte löst sich immer mehr auf und häufig wird das Leben zu einem Spagat zwischen den Welten.

Manchmal bleibst du der guten, alten Zeit verhaftet und kannst Neues nicht in dein Weltbild einladen. Und manchmal freust du dich auf die Neue Zeit.

Du hast die Macht zu entscheiden, in welche Dimensionen du gehst, in welcher Welt du lebst und welche Realität groß und stark wird. Durch die besondere Zeitqualität und die ständige Energieerhöhung kannst du immer mehr spüren und erkennen, welche unendliche Macht dir zur Verfügung steht. Das Schöne ist, dass du nicht das bekämpfen musst, was du nicht haben willst, sondern dass du das bestärken kannst, was du in deiner Welt sehen willst.

Jetzt ist der Zeitpunkt da, um dich ganz auf das auszurichten, was du in deiner Welt haben möchtest. Es ist von immenser Wichtigkeit, mit welcher Motivation, mit welchen Gedanken und Gefühlen du die Realität erzeugst.

Tool Box

Überprüfe einmal, wie du mit der scheinbaren Realität, den Geschehnissen und Ereignissen umgehst. Kannst du den Segen in allem erkennen, sodass es dir leicht fällt, dich auf das zu fokussieren, was du in deiner Welt haben möchtest?

Bitte darum, die Liebe, die Wahrheit hinter allem erkennen zu können – hinter dem politischen und weltlichen Geschehen genauso wie in allen Situationen, die sich in deinem familiären und sozialen Umfeld ereignen.

Bitte darum, auf wundervolle, angenehme Art und Weise mit viel Leichtigkeit und Freude den unermesslichen Segen in Allem erkennen und integrieren zu können.
Erwarte Wunder, denn das ist dein Geburtsrecht, es entspricht deiner wahren Natur. Du bist ein Wunder!

Die Botschaft des Lichts an dich:

»Danke für deine Liebe, sie ist machtvoller als alles andere auf diesem Planeten. Mit spielerischer Leichtigkeit wirst du nun die Geschicke der Welt beeinflussen.
Ich liebe Dich.«

36 DEIN INNERER WERT

Jeder von uns hat einen inneren Wert.
Dem ist es egal, wie du aussiehst oder wie alt du bist. Dieser innere Wert **ist völlig unabhängig von allem, was du je getan hast. Er IST EINFACH!**

Erkennst du deinen inneren Wert?

Kannst du jenseits von allen Äußerlichkeiten deine wahren Qualitäten leben?

Tatsächlich kommen wir alle aus der gleichen Quelle. Es gibt nichts anderes. Die Dualität ist dafür da, dass wir zuerst vergessen und uns dann wieder erinnern. Solange, bis wir uns als göttliche Wesen wieder vollends bewusst werden.
Es ist eine große Falle des Egos, wenn du dich als etwas Schlechtes erkennst. Es macht dir vor, dass du es nicht wert bist, egal welchen Lebensbereich du anschaust. Dabei ist es eine Illusion. Du bist alles und hast auch alles in dir. Du bist das Wertvollste, was dir je begegnet ist. Und nur du alleine bist der Richter und auch der Erlöser in dir.

Es ist das schönste Geschenk, das man sich selbst machen kann, wenn man sich der Wahrheit verpflichtet. Diese Verpflichtung, dieser tiefe Ruf deiner Seele zerstört alle Illusionen von Mangel und Wertlosigkeit. Es erschafft eine Verbundenheit mit allen anderen Wesen, die auch diesen Weg gehen. Du spürst und erkennst sie augenblicklich, wenn du ihnen begegnest.

Heute ist der richtige Moment, der Illusion von Opfer und Täter auf Wiedersehen zu sagen.

Tool Box

Setz dich hin und schreibe auf, welche Gaben du der Welt zu geben hast. Es ist wichtig, dass du auch den kleinen inneren Stimmen vertraust, die dir Großes erzählen können. Denn du bist für Großes geschaffen, so wie jedes andere Wesen in allen Welten ebenso. Tat Tvam Asi – Das bist Du. Wir alle gehen den kosmischen Weg zurück zur Einheit, während wir gleichzeitig auch die Einheit sind.

Bitte nun einen deiner Freunde, dass er dir aufschreibt, was er in dir erkennt. Mache das anschließend auch für ihn. Du wirst dich wundern und freuen, welche Gaben sich aus deinem göttlichen Sein noch herauskristallisieren.

Zeige dich der Welt, sie braucht dich.

Die Botschaft des Lichts an dich:

»Dankbarkeit für deinen Weg,
für deine Entscheidung, dich selbst zu feiern,
dich selbst nicht mehr zu richten, sondern zu lieben,
jegliches in dir und um dich herum durch die unendliche,
bedingungslose Liebe zu erkennen,
ist das größte Geschenk,
welches du uns gibst. Danke!«

37 DAS UNIVERSUM SPIELT GENIAL

Wenn du mal keinen Plan hast, wie es weitergehen soll, dann denke einfach daran, dass alles so geschieht, wie es geschehen soll. **Lass einfach los und lass das Universum spielen. Es spielt genial!** Nimm den Druck von dir, immer eine Lösung finden zu müssen.

Vertraust du auf eine höhere Macht?
Bemerkst du, wie genial sich das Spiel der Synchronizitäten in deinem Leben ereignet?

Viele Menschen sind so erzogen worden, dass sie denken, alles nur durch harte Arbeit erreichen zu können. Das ist nur real, wenn du tatsächlich auch daran glaubst. Du hast schon oft erlebt, wie anderen Menschen scheinbar alles so zufällt.
Was machen sie anders als du?
Sie sind bereit zu empfangen, sie sehen sich als so wertvoll an, dass alles für sie geschehen darf. Tatsächlich ist es dein Geburtsrecht, dass das Universum alles für dich bereithält und du es nur annehmen musst. Du kennst bestimmt diese Aussagen:
»Werdet wie die Kinder, denn ihnen gehört das Himmelreich«
»Bittet und euch wird gegeben werden.«
Das sind keine leeren Phrasen, sondern tiefe, universelle Wahrheiten.

Dein Sein wird dir nun noch mehr Freude machen, da du immer mehr erkennst, dass du nur einen Schritt zurückzutreten brauchst, wenn du keine Lösung siehst. Lass die Situation einfach nur los und lass das

Universum spielen. Du wirst oft staunen, welche Wunder sich dann in deinem Leben ereignen. Denn die Lösungen sind oft so genial, dass dein Verstand nie darauf gekommen wäre.

Tool Box

Setz dich hin, schließ die Augen und atme ganz bewusst. Beobachte, wie dein Atem immer ruhiger wird und du dich selbst immer mehr wahrnimmst. Sobald du spürst, dass du bereit bist, stell dir folgende Fragen:
Bist du bereit, darauf zu vertrauen, dass das Universum dir alles schenkt, was du benötigst?
Bist du bereit, alles mit Leichtigkeit zu empfangen?
Erlaubst du dir, zu empfangen und ist bei dir Geben und Annehmen in Balance?
Welche Antworten auf diese Fragen kommen dir?
Welche Resonanz hast du in deinem Körper dazu?
Spürst du überall ein absolutes JA? Bist du bereit?
Bist du es dir wert?
Wenn ein NEIN oder ein vielleicht kommt, dann spüre in diesen Bereich und schicke dorthin Liebe. Vielleicht gibt es dort eine alte Verletzung. Du bist reinstes Bewusstsein, unendliche Weisheit und kindliche Neugier. Erwecke den Forscher in dir, wie du ihn als Kind erlebt hast. Erkenne die vielen Zeichen um dich herum, die Synchronizitäten und die wundervollen Fügungen, die du unbewusst und jetzt immer bewusster in dein Leben ziehst.

Die Botschaft des Lichts an dich:

»Du weißt, geliebte Sternensaat, du wirst geführt und wir sind immer und jederzeit bei dir. Du wirst immer zum richtigen Zeitpunkt spüren, was dein Weg ist, was du zu tun hast. Unsere Liebe ist immer bei dir.«

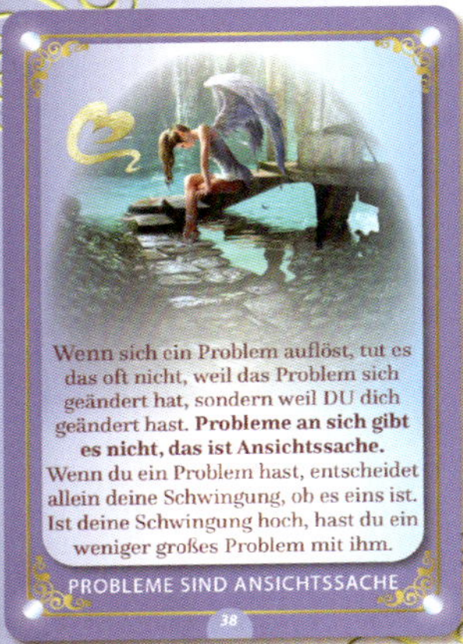

38 PROBLEME SIND ANSICHTSSACHE

Bemerkst du, dass sich ein Problem auflöst, tut es das oft nicht, weil das Problem sich geändert hat, sondern weil DU dich geändert hast. **Probleme an sich gibt es nicht, das ist Ansichtssache.** Wenn du ein Problem hast, entscheidet allein deine Schwingung, ob es ein Problem ist. Ist deine Schwingung hoch, dann hast du ein weniger großes Problem mit dem Problem. **Entspanne dich einfach hinein.**

Wie gehst du in deinem Leben mit auftauchenden Problemen um?
Kannst du Probleme auch als Herausforderung sehen, etwas durch deine innere Einstellung leicht aufzulösen?

Was für den einen ein Problem ist, das ist für den anderen eine schöne Herausforderung. Es hängt immer vom Standpunkt, der Ausrichtung und der Höhe der Energie ab, in der man sich befindet. Und vor allem ist es eine Aufforderung an dich, wahrzunehmen, wie deine Einstellung gegenüber dem »Problem« ist. Hast du Schwierigkeiten damit, dann ist es tatsächlich ein Thema. Allerdings ist nicht das Problem die Ursache, sondern es ist deine innere Einstellung, die im Außen problematisch werden kann, da du nicht im Fluss bist.

Du stehst nun vor der nächsten Stufe deiner Evolution. Du bekommst gerade Werkzeuge, um weiterzugehen, dich zu entwickeln und um Probleme sich in Luft auflösen zu lassen. Entspanne dich einfach hinein, fühle das Problem und lass es los.

Tool Box

Bitte die Liebe, dir die Wahrheit zu zeigen. Mach einen Schritt zurück von dem, was du zu wissen meinst, und öffne damit den Raum für ein Wunder. Übergib das Problem der Liebe und vertraue ihr, dass sie dich führt und leitet.

Erwarte jetzt und hier ein Wunder, du wirst spüren, wie sich das Problem, das dich eventuell gerade belastet, einfach in Wohlgefallen auflöst. Du kannst nichts verlieren, du kannst nur gewinnen. Übergib das scheinbare Problem der Liebe, es ist dein Geburtsrecht und du wirst sehen, dass sich das Problem in dem Moment auflöst, in dem du es ganz wahrhaftig der Liebe übergibst, die Last wird von deinem Herzen verschwinden und dein Herz wird wieder ins Fließen kommen.

Die Botschaft des Lichts an dich:

»Es ist wundervoll, wie du Probleme in heilige Momente,
in Geschenke der Liebe verwandelst.
Auch wenn es für andere nicht greifbar ist,
wie du es machst, so können
sie deine Geschenke der Liebe dennoch annehmen.«

39 ENTWICKLE ZUVERSICHT

Unsere Welt kann
sich nur zum Guten ändern,
wenn wir **Hoffnung** und
Zuversicht haben.

Kannst du erkennen, dass da niemand kommt, um dich zu retten, sondern dass du es bist, auf den du gewartet hast?
Du veränderst durch dein Sein die Welt, kannst du hoffnungsvoll darauf vertrauen?

Du wurdest Millionen von Jahren geprüft und darauf vorbereitet, dass du jetzt in der Lage bist, das Erbe, die DNA der intergalaktischen Föderation, wieder in die verschiedenen Universen zu tragen.

Und gleichzeitig ist es deine Aufgabe, genau jetzt hier zu sein, dein Licht zu zeigen und Liebe und Wahrhaftigkeit zu leben. Erinnere dich an deine göttliche Herkunft, erkenne dich in allem, was ist.

Zeige dein Licht, steh auf und sprich aus deinem Herzen, das dich führt und deine Worte lenkt. Werde zum Lichtbringer, zum Hoffnungsträger, zum Wegbereiter. Sei das, was du auf dieser Erde sehen willst. Das ist die wirkungsvollste Art und Weise, wie du die Energie auf dieser Erde erhöhen und eine neue Zeit erschaffen kannst.

Tool Box

Schau dir dein Leben an. Gibt es da eine Person, die dir nicht passt, mit der du ein Problem hast? Und jetzt öffne dein Herz, überprüfe, ob nicht auch in dir dieses Verhalten als Anlage da ist, welches dich bei deinem Gegenüber abstößt. Versuche, dich in dem anderen zu erkennen, denn dein Gegenüber ist eine Projektion von dir selbst. Auch du lebst diesen Aspekt des Seins, auch du gehst diesen Weg. Erst wenn du ganz klar dein Gegenüber in dir und dich in deinem Gegenüber erkennen kannst, kannst du diese Ebene verlassen. Sei in Frieden mit jedem Aspekt deines Selbst.

Das bedeutet absolute Kohärenz.

Es erfordert manchmal viel Mut, aber deine Zuversicht und Hoffnung wird dadurch zu einem großen Werkzeug, da du mit allem, was ist, verbunden bist.

Die Botschaft des Lichts an dich:

»Deine Gewissheit, dass du zur rechten Zeit genau weißt,
was zu tun ist, wird dich und die dir Anvertrauten
jederzeit segensreich begleiten.
Es ist so wundervoll, dass du bist.
Sei gesegnet, du geliebtes Wesen.«

40 ERKENNE DEINE LEBENSAUFGABE

Jeder muss selbst herausfinden,
was **seine Aufgabe** ist.
Wenn du auf deinem Weg bist,
kommst du an deiner Aufgabe nicht
vorbei. Manchmal ist es so,
dass nicht du deine Aufgabe findest,
sondern die Aufgabe findet dich.

Hat dich deine Lebensaufgabe schon gefunden?
Lebst du deine Berufung?
Welche tiefe Sehnsucht nimmst du in deinem Herzen wahr?

Jeder Einzelne von uns hat seine wundervolle Lebensaufgabe, auch wenn du manchmal nicht genau weißt, was es ist. Tatsächlich leben viele Menschen ihre Lebensaufgabe, ohne sich daran zu erinnern, dass sie sich diese selbst gewählt haben.

Es ist wahrlich einfach, sich an seine Lebensaufgabe zu erinnern. Du weißt sie, du kennst dich und deine Aufgabe in Wahrheit besser als jeder andere. Auch kennst du deine wundervollen Gaben, die du mit uns allen hier teilen darfst. Du darfst dich trauen, dein Licht zu zeigen, deine Gaben zu erkennen und zu verschenken. Du wirst sehen, dass sie gebraucht werden, dass du gebraucht wirst.

Wenn du dich fragst, wofür du da bist, und du dich traust, all deine Talente wahrzunehmen, wenn du dich traust, deine Größe anzunehmen, dann wirst du staunen, welch großartiges Wesen du doch bist und mit welchen wundervollen Geschenken du ausgestattet wurdest.

Tool Box

Schließe die Augen, komm ganz bei dir an und sage laut:
»Ich nehme meine Gaben und meine Größe an!
Ich nehme mich in meiner wunderschönen Vollkommenheit an und ich danke für diese wundervollen Gaben, die ich mit meiner Welt teilen darf.«

Du wirst spüren, wie dein Körper bei jedem Wort immer mehr anfängt zu leuchten, wie du immer mehr eins mit dir und mit deiner Aufgabe wirst. Du wirst fühlen, wie jede einzelne Zelle sich öffnet und aus ihr ein unermesslicher Strom von Licht und Liebe hinaus in die Welt strahlt.

Danke der Liebe dafür, dass sie dich deine Talente auf solch wundervolle Art erkennen lässt und dass du mit deinem Körper und Bewusstsein diese Gaben und diese Liebe auf der Erde sowie in allen anderen Welten teilen darfst.

Die Botschaft des Lichts an dich:

*»Dein absolutes JA zu dir selber lässt dich alle Erfahrungen machen, so dass sie dir dienen.
Dein JA zu deiner Berufung und zum Ruf deiner Seele wird dich voller Liebe alles meistern lassen.«*

41 DEIN GEISTIGES NAVI

Unsere geistige Führung funktioniert
wie ein **Navi.**
Wenn du nicht darauf hörst und
einfach weiterfährst, heißt es:
»Route wird neu berechnet«.
Dann zieht die geistige Führung
Plan B, C oder D hervor.

Fühlst du dich geleitet, geführt und auf dem »richtigen« Weg? Erkennst du den Sinn in deinem jetzigen Sein?

Es gibt keine falschen Wege, es liegt an dir, wie du sie bewertest. Ob gut oder schlecht, nützlich oder sinnlos, jeder Weg enthält einen Segen, selbst wenn du ihn noch nicht erkennen kannst. Jedoch kannst du darum bitten, den unermesslichen Segen in allem zu erfassen.

Du bist mit allem verbunden und wirst auf wundervolle Art und Weise geführt. Dieser göttliche Plan zur Vollendung eines gigantischen Projektes beinhaltet, dass dir in jeder Situation geholfen werden kann. Deine Aufgabe ist es, die Wege aller Seelen zu gehen, jeder ist nur ein Aspekt von dir selbst. Du gehst auch diesen Weg. Deine Aufgabe ist es, kohärent mit allen Wegen zu werden.

Selbst wenn du dein Leben so gestaltest, dass du anstrengende Momente in dein Leben ziehst, so sei sicher, dass auch diese Momente dir unendlich dienen und du darauf aufbauen kannst. Das ist einfach eine Gesetzesmäßigkeit. Du kannst nur durch das Vergessen, wer du bist, erkennen, wer du bist. Ohne die Dunkelheit kannst du das Licht nicht wahrnehmen. Die vermeintlichen Umwege sind Erfahrungen, die dich erst zu dem Menschen gemacht haben, der du jetzt bist, mit dieser unendlichen Liebesfähigkeit.

Vertraue deinem Herzkompass, vertraue dir und deiner Seele.

Tool Box

Du kannst dich jederzeit kurz in dich zurückziehen und deine geistigen Helfer, dein höheres Selbst und die Liebe bitten, dich auf deinem Weg zu führen und dich an die Hand zu nehmen.

Das geht in jeder Situation, selbst im Supermarkt an der Kasse, beim Autofahren oder in einem Gespräch mit einem Partner. Bitte die Liebe, der Wagenlenker deines Seins zu sein. Wenn du das tust, wirst du augenblicklich spüren, wie sich etwas in deinem Bewusstsein und in deinem Setting, wie du die Welt wahrnimmst, verändert.

Die Botschaft des Lichts an dich:

»Du bist unendlich, weise und liebend. Und du kannst vertrauen, alles wird sich dir zur rechten Zeit offenbaren. Folge deinen höheren Instinkten, vertraue den Impulsen.
Du bist ein Krieger des Lichtes
und du wirst immer geführt.
Trau dich, jetzt ganz du selbst zu sein.«

42 ALLES VERÄNDERT SICH STÄNDIG

Wenn du etwas verändern willst, mach es, weil DU es willst und nicht, weil andere es wollen.
Ja, es braucht vor allem Mut, vielleicht etwas Verrücktheit und Risikobereitschaft. Denn wenn du die Dinge jetzt nicht änderst, dann wirst du Mut brauchen für das, was kommt.
Also, du brauchst MUT... so oder so.

Verlässt du oft deine gewohnte Komfortzone? Stellst du dich mutig den Herausforderungen, die in deinem Leben erscheinen?

In kaum einer Zeit hatten Menschen so viele Gelegenheiten, zu wachsen und sich zu entwickeln wie jetzt. Für diese Herausforderungen und Chancen brauchst du immer wieder Mut. Du darfst dich trauen, dich in deiner wahren Größe zu zeigen und neue Wege zu gehen. Oft ist es so, dass dein Umfeld dich nicht versteht oder du Einzelkämpfer in einer Welt bist, in der es scheinbar wenige Menschen gibt, die ähnlich sind wie du.

Das stimmt und das stimmt nicht. Du bist nie allein gewesen und wirst auch nie allein sein. Und trotzdem ist es wichtig, dass du vorangehst, dass du das bist, was du in der Welt sehen willst. Warte nicht darauf, dass andere deine Aufgaben für dich erledigen, sondern schaue selbst hin. Es ist wichtig, dass du Verantwortung für dein Schicksal und dein Leben übernimmst.

Du bist an einem Zeitpunkt angelangt, an dem du dich entscheidest, den Weg der Liebe und der Wahrhaftigkeit zu gehen, auch wenn das deinen ganzen Mut erfordert.

Sobald du wirklich die Augen öffnest und hinsiehst, kannst du nicht mehr anders, als dich für die Liebe zu entscheiden. Du kannst dich nicht gegen dein Herz, gegen deine Natur, entscheiden.

Also sei mutig, steh auf und zeige dich. Zeige dein Licht.

Tool Box

Du liebevolle Seele, wisse, dass jetzt dein ganzer Mut gefordert wird. Steh auf und stell dich gerade hin. Steh zu dir. Richte dich auf! Du bist für die Schöpfung unendlich wichtig. Und vor allem bist du jetzt gefordert, zu dir zu stehen, zu deiner Wahrheit und zu deiner Begabung. Sobald du wirklich und wahrhaftig mutig bist, spürst du augenblicklich, wie die Liebe und die Wahrheit dich auf deinem Weg unterstützen. Du wirst sehen, dass sich innerhalb kürzester Zeit Realitäten verändern können und dir dienlich sind. Du wirst mit Wundern arbeiten und als ein Werkzeug der Liebe und der Wahrhaftigkeit Wunder vollbringen. Es ist deine Natur, lebe sie und zeige dich. Sei mutig. Du bist ein göttliches Wesen, welches unendlich wichtig und einzigartig ist.

Die Botschaft des Lichts an dich:

»Dein Mut, deine Bereitschaft und deine Verpflichtung zur Wahrhaftigkeit sind das größte Geschenk, das du uns machen kannst. Du bist ein Leuchten in der Dunkelheit. Du ebnest den Weg für viele suchende Seelen. Danke dir selbst für dein Sein!«

43 SEI EIN OPTIMIST

Optimist zu werden ist sinnvoll.
Denn dann siehst du einen Sinn im
Leben und hast den Wunsch,
etwas zu ändern.
**Wenn du einen Sinn hinter den
Dingen siehst, dann kannst du auch
erkennen, dass die Dinge besser
werden können.**

Wenn ein Glas zur Hälfte mit Wasser gefüllt ist, ist es für dich halbvoll oder halbleer?
Bist du ein Optimist? Wie sehen die Motive deiner Handlungen aus?

Positives Denken ist wie der Lichtstrahl einer Taschenlampe in der Dunkelheit. Durch konstruktives, positives Denken erzeugst du auch konstruktive und angenehme Erfahrungen. Das ist allerdings nur dann von Erfolg gekrönt, wenn du dir über die Motive deines Denkens bewusst bist und sie aus einer Fülle, nicht aus einem Mangel entstehen. Es wird eine Zeit kommen, in der du deine Gegenwart zu hundert Prozent konstruktiv gestalten kannst. Halbherziges optimistisches Denken bringt nur das Gegenteil und Entäuschungen sind vorprogrammiert. Deswegen ist es so wichtig, dass du dir der Motive und Intentionen deiner Wünsche bewusst wirst. Wenn du etwas haben möchtest, dann frage dich, warum du es haben möchtest. Was gibt es dir? Was ist das Motiv dahinter? Erst wenn du feststellst, dass dein Motiv reiner Natur ist, dass es der Liebe dient, wirst du erkennen, dass deine ganze Schöpferkraft dir hilfreich zur Seite steht.

Überprüfe deine Handlungen auf ihr Motiv. Heute ist ein perfekter Tag dafür, sich voll und ganz für die Liebe und die Wahrhaftigkeit zu entscheiden. Bitte die Liebe, dass sie dich führt, dass sie durch dich denkt und durch dich handelt. Bitte die universelle Schöpferkraft, dass sie dich führt und leitet, dass sie durch dich denkt und durch dich spricht. Du wirst nun immer stärker und mächtiger werden mit deiner Schöpferkraft und du wirst erkennen, dass deine Schöpfung und deine Wünsche immer schneller Realität werden. Darum ist es so wichtig, dass du dich ganz für die Liebe entscheidest, die durch dich handelt und dich als ihr Sprachrohr gebraucht.

So wird deine Intention hinter all deinen Handlungen eine gigantische Schubkraft entwickeln. Die Energien sind so hoch, dass schon beim Aussprechen oder beim Denken von Wünschen diese erfüllt werden können. Es wird die Zeit kommen, in der das für jeden Menschen selbstverständlich sein wird.

Tool Box

Setze dich hin, richte dich innerlich auf und spüre deinen Atem. Formuliere laut einen Wunsch für dich und beobachte dann deinen Körper. Du wirst feststellen, dass schon beim Aussprechen des Wunsches sich etwas in deinem Körper verändert. Du kannst förmlich spüren, dass dieser Wunsch Realität wird. Du kannst wahrnehmen wie dein Körper jetzt schon am Empfangen ist. Je mehr du deine Aufmerksamkeit darauf ausrichtest, desto schneller wirst du sehen, wie wundervoll deine Schöpfung Realität werden kann.

Die Botschaft des Lichts an dich:

»Geliebte Seele, öffne dein Herz für die Wahrhaftigkeit und die Inspirationen des Kosmos. Du bist eine unendlich wertvolle Unterstützung deiner Sternengeschwister.«

44 ANGST IST EINE ILLUSION

Es ist wichtig, dass du die Dinge locker nimmst, denn man kann »theoretisch« auch an Angst sterben. Zum Glück aber hast du einen **Lebensplan, der dir deine Lebensstationen vorgibt.** Darum kannst du in den meisten Situationen nur »theoretisch« sterben. Ohne das Einverständnis deiner Seele stirbst du nicht.

Fühlst du dich in deinem Umfeld, in deinem Land, in deinem Körper geborgen?
Fühlst du dich frei, alles zu tun wonach dir ist?

Meist ist das Thema Angst tief verborgen, hinter gut versteckten Mustern und Geschichten. Oft erscheinst du nach außen hin stark, mutig und angstfrei. Aber deine Handlungen sind von Vermeidung und von Angst geführt. Du hast Angst, weil du glaubst, dass du allein bist. Du meinst, dass du diese Aufgabe allein bewältigen musst und es nicht schaffst.

Auch vor Liebe, Beziehung, Fülle, Reichtum und Wachstum kannst du Angst haben, da du dich wegen der alten Muster und Erinnerungen vor Ablehnung und Verlust fürchtest. Dabei braucht es gerade jetzt all deinen Mut, da Angst immer bedeutet, dass du dich und deine Gaben zurückhältst. Du bist ein Held, du darfst dich zeigen, habe Mut, den nächsten Schritt zu tun.

Gleichzeitig bedeutet Angst auch, dass da etwas ist, woran du wachsen darfst. Du kannst immer heiler werden. Du brauchst dich nicht zu verstecken, zeige dich! Entscheide dich für das Leben und für die Fülle.

Tool Box

Überprüfe, in welchen Situationen du Angst empfindest.
Schaue, ob du meinst, alles alleine machen zu müssen. Prüfe, ob du glaubst, dass niemand da ist, der dir helfen kann. Solche Glaubensmuster stecken oft hinter der Angst und du darfst sie nun loslassen. Das sind Fallen des Egos.
Schreibe all diese Aspekte der Angst und Trennung auf ein Blatt Papier und dann entscheide dich, Verbindung, Gemeinsamkeit und Liebe in dein Leben zu bringen. Gib diesen Werten anstelle der alten Muster Raum. Verbrenne die alten Glaubenssätze, die du dir von der Seele geschrieben hast. Übergib sie den Flammen und lade Liebe, Verbundenheit und Mut in dein Leben ein.

Die Botschaft des Lichts an dich:

»Du heiliges, kostbares Wesen aus reinster Liebe, fühle, wie du gehalten und von der Schöpfung getragen wirst. Du darfst dich frei von Angst ganz geben, du bist mit allem verbunden.«

45 DU BIST DAS LICHT

Die Erde verändert sich, auch du wirst **immer feinstofflicher.** Hab keine Angst, glaube an das Gute und erkenne, dass du **reines Licht** bist.

Bist du dir bewusst, dass du reines Licht bist? Kannst du dich als multidimensionales, göttliches Wesen in einem menschlichen Körper erkennen?

Wir alle haben den Auftrag, auf der Erde unsere Erfahrungen zu machen und ein Licht für die anderen zu sein. Wir ergänzen uns gegenseitig und unsere Aufgabe ist es, gemeinsam zu wachsen und uns immer weiter zu entwickeln. Es geht nur gemeinsam. Du wurdest geschaffen, um dich zu verwirklichen, zu lernen und wieder zu entdecken, was du bei deiner Geburt vergessen hast.

Du bist von Gott, alle Menschen sind von der Liebe, du bist Liebe und nichts anderes. Du bist es auch, wenn du es vergessen hast. Es geht darum, dich zu erinnern.

Wer bist du? Warum bist du hier? Was ist dein Weg?

Wenn dein Wille sowie dein Weg kohärent sind, dann wirst du zu einem bewussten Schöpfer.

Du lebst in einer Zeit, in der sich alles immer mehr beschleunigt. Die Energien und Frequenzen erhöhen sich ständig, sodass alle Prozesse wesentlich schneller ablaufen. Das ist zum einen eine große Herausforderung für jeden, aber gleichzeitig kannst du viel schneller und einfacher deine Realität erschaffen. Die Schleier zwischen den Dimensionen werden immer lichter. Jetzt ist es immer leichter, deine wahren Fähigkeiten zu entwickeln und dich an deine wahre Größe zu erinnern. Nimm aus dem Herzen wahr, welches wundervolle Wesen du auf diesem wunderschönen Planeten bist.

Tool Box

Schließ die Augen und spüre, wie du hier auf der Erde dein kosmisches Werk, deine kosmische Aufgabe erfüllen kannst, indem du dich ganz hingibst. Fühle, wie die Macht der Liebe, aus dem ganzen Universum in dich fließt und dich leuchten lässt. Lass dein Licht immer weiter hinaus strahlen, in dein Umfeld, zu den Menschen, die du liebst und überall dorthin, wohin sich dein Licht ausbreiten soll. Spüre, wie dein Körper ganz »ja« zu deiner Mission auf dieser Erde sagt. Fühle, wie du hier verwurzelt bist und dein Bewusstsein gleichzeitig unendlich frei und offen ist. Wir brauchen dich, deine Fähigkeiten, deine Gaben, um diesen Planeten in seiner vollen Schönheit strahlen zu lassen.
Lebe deine wahre Größe. Zeige dich!

Die Botschaft des Lichts an dich:

»Es ist an der Zeit,
deine kosmische Saat in dir zu entfachen
und deine DNA vollständig zu aktivieren.
Du lebst in einer Zeit,
in der du nun als Schöpfer
Wunder vollbringst.
Wir sehen und erkennen dich.«

46 VERANKERE DAS LICHT

Kommen viele Menschen zusammen und helfen mit, **das Licht an einem Platz zu verankern**, hat das immer eine viel größere Auswirkung als wir uns vorstellen können.

Gibt es einen besonderen Kraftplatz in deinem Leben? Fühlst du dich von bestimmten Orten magisch angezogen?

Wir Menschen sind unendlich mächtige Wesen. Die wenigsten wissen um ihre Kraft und Macht. Und so wie du dich selbst anders fühlst, wenn dich jemand besucht hat, so beeinflusst auch du dein Umfeld wie auch die Materie und den feinstofflichen Raum, der dich umgibt.

In vergangenen Kulturen war es ganz normal, dass an ausgewählten Stellen Tempel, Pyramiden oder Steinkreise gebaut wurden. Dort fanden Rituale oder andere heilige Handlungen statt. Dadurch wurden die Orte immer mehr mit Energie aufgeladen und wahre Kraftplätze erschaffen. Auch heute noch können wir die hohe Schwingung dieser Plätze spüren und wir fühlen uns von ihnen magisch angezogen.

Tatsächlich gehört es zu unserer Natur, solche Plätze, neue Tempel und Kraftplätze durch unsere Liebe, Absicht und Ausrichtung zu erschaffen. Es ist von unendlicher Wichtigkeit, dass diese Erde wieder entsprechende Energiezentren von uns Menschen bekommt, da dies für unsere Entwicklung unentbehrlich ist.

Fühle dich berufen, heute einen dieser Kraftplätze zu erschaffen. Fühle dich berufen, einen Tempel der Liebe zu kreieren.

Tool Box

Es geht ganz einfach. Schon kleine Gesten, Rituale und Gaben, die von Herzen kommen, können eine große Wirkung haben.
Du kannst zum Beispiel in der Natur einen schönen Platz suchen und dort einen kleinen Kraftkreis oder Tempel aus Steinen bauen. Lege ein paar Kristalle ganz nach deinem Gefühl dorthin und halte inne und heilige diesen Platz durch dein Bewusstsein und durch deine liebevolle Art und Weise, wie du diesen Platz kreierst.
Die Gedanken und Gefühle, die du dabei hast, formen diesen Platz und sein Umfeld. Du kannst das allein machen oder auch mit mehreren Menschen, und die Energie dieses Platzes wird sich anheben.

Die Botschaft des Lichts an dich:

»Heute wirst du spüren,
wer aus deiner Sternenfamilie bei dir ist,
halte zu ihnen Kontakt, verbinde dich mit ihnen.
Baue Tempel des Lichts auf der Erde.
Vertraue dir, sei geerdet und lasse deine Liebe zu allen fließen. Es ist so wundervoll, dass du bist.«

Christina von Dreien

Christina von Dreien ist eine heute 20 Jahre junge Frau, die seit ihrem 17. Lebensjahr in der Öffentlichkeit steht.

Sie kam mit einer multidimensionalen Wahrnehmung und mit anderen paranormalen Begabungen zur Welt und sie hat ihr Bewusstsein über ihr wahres Sein nie verloren. Für sie sind diese Dinge nichts Besonderes, sondern völlig normal. Denn sie sagt, dass diese Fähigkeiten nur Nebenerscheinungen unseres wahren Seins sind. Für sie ist klar, dass diese Dinge in jedem von uns schlummern.

Christina gehört zu einer neuen Generation von jungen Menschen, die als Wegweiser und Botschafter einer neuen Zeit hierhergekommen sind und sie berührt die Menschen durch ihr ganzes Sein, ihr Herz, und ihre offensichtliche Weisheit.

Christina stellt ihr ganzes Dasein vollständig in den Dienst eines globalen Wandels hin zum Positiven und Konstruktiven.

www.christinavondreien.ch

Levin Jeffrey Lamb

Ich bin 1975 geboren und erlebte eine außergewöhnliche Kindheit, die durch viele Wunder, Geschenke und Erlebnisse geprägt war. Als Doppelstaatler mit indianischen Wurzeln reiste ich viel und erfuhr tiefgehende Begegnungen mit Meistern. Doch das größte Geschenk sind meine sechs Kinder und inzwischen vier Enkel, die mir stets als wertvolle Spiegel dienen.

Gleichzeitig bin ich auf meinem Weg oft durch extreme Lebenssituationen gegangen, was mir nach und nach einen großen Erfahrungsschatz über Kinder, Mann sein und Beziehungen ermöglicht hat.

Diese Erfahrungen befähigen mich heute, Menschen durch schwierige Zeiten in ihrem Leben zu begleiten. Dabei unterstützen mich meine Feinfühligkeit, tiefes Mitgefühl und die Verbindung zu meiner inneren Führung.

Ich sehe mich als Mann der Neuen Zeit, der durch seine Sensibilität und innere Wahrnehmung Zugänge hat, die dir neue Sichtweisen öffnen können. In meiner Rolle als Mann stehe ich zu diesen Talenten und Werten, lasse dabei auch die Gefühlsebenen zu, ohne dabei meine männlichen Qualitäten zu verlieren oder zu leugnen. Es geht in dieser besonderen Zeit darum, von innen das Außen zu gestalten. Was auch immer für dich gerade als Drama oder Problem existiert, wird von deinen Handlungen, Gedanken, Gefühlen und (un)bewussten Verhaltensweisen erschaffen.

www.levin-iseeyou.com

Visionen einer neuen Realität.

Bei uns wird sie manifestiert und gelebt! Ein Portal wird geboren. Hier e- warten euch Tools, ihr findet Freunde und Seelenfamilien kommen wiede zusammen. Wir erschaffen gemeinsam einen Raum, in dem wir neue Real- täten betreten und uns erinnern, aus welchen Welten und Dimensionen wi kommen. Wir erkennen unsere Schöpferkraft und unsere Verantwortung. Wi erinnern uns an unsere multidimensionale Herkunft und an unseren Auftrag, mit dem wir mutig in dieses Leben gestartet sind.
Uns ist bewusst, dass jeder Mensch ein Aspekt von allem ist, dass wir alle miteinander verbunden sind und wir eins sind. Liebevolles Hinsehen, Eigenverantwortung und das Integrieren unserer Vergangenheit, Gegenwart und Zukunft in das JETZT, ist das neue Reset.

Ich bedanke mich aus vollstem Herzen für alle wundervollen Menschen, die an meiner Seite stehen: Meine Mutter Sigrid Beckmann-Lamb, Christina von Dreien, Ute Leilani Meuser, Alexander Aandersan, und bei vielen anderen, die sich ganz und gar der Liebe verpflichtet haben.

Wenn ihr dabei sein möchtet, dann lasst uns über den Newsletter auf www.levin-iseeyou.com miteinander verbinden.

Ich freue mich auf euch,
Levin Jeffrey Lamb

COMING SOON!

Christina von Dreien

Kartenset: Die Gaben der Neuen Kinder
46 Karten mit Impulsen, eine Neue Welt zu gestalten.

Kinder erinnern uns an unser universelles Erbe.
Was wir wirklich sind, können wir nicht ewig vergessen.

46 Karten mit Begleitbuch D € **24,95**

ISBN 978-3-9823517-4-2

Das neue Kartenset von Christina von Dreien ist bald hier erhältlich: www.levin-iseeyou.com

LEVIN JEFFREY LAMB • LEILANI MEUSER
LIONGATE
BETRETE
DAS PORTAL
Tools AUSSERHALB DER ZEIT
46 ORAKEL IMPULSE FÜR DICH
LEVIN
I see YOU

»Wie wir wurden,
die wir sind und wie wir werden,
die wir sein wollen!«

Sigrid Beckmann-Lamb

Sigrid Beckmann-Lamb

CD: Weckruf für die Neue Menschheit

Erinnere dich!
Die Zeit ist da.

1 Audio CD D € **33,00**

ISBN 978-3-9823517-2-8

ISBN 978-3-9823517-0-4

Christina von Dreien (Karten),
Levin Jeffrey Lamb (Begleitbuch):
»Tools für die Neue Zeit«
46 Karten für Visionen von
Frieden, Liebe und Bewusstsein

Umschlag & Layout: Ute Leilani Meuser
Printed by: Ren Medien GmbH, Germany

www.levin-iseeyou.com

2. Auflage Oktober 2021